职业教育
工单式模块化教学
改革研究与实践

RESEARCH AND PRACTICE ON THE REFORM OF
WORK ORDER–BASED MODULAR TEACHING IN
VOCATIONAL EDUCATION

王寅峰 钟慧妍 蔡铁 著

人民邮电出版社
北京

图书在版编目（CIP）数据

职业教育工单式模块化教学改革研究与实践 ／ 王寅
峰，钟慧妍，蔡铁著. -- 北京 ：人民邮电出版社，
2025. -- ISBN 978-7-115-67072-4

Ⅰ．G719.21

中国国家版本馆 CIP 数据核字第 20251LM053 号

内 容 提 要

本书以工单式模块化教学改革为主题，系统阐述工单式模块化教学的理论基础、职业能力标准建设、工单式模块化课程的建构、工单式模块化教学实施方法、工单式模块化教学改革成效等内容，着力解决当前模块化教学中突出显现的问题。深入剖析职业能力，紧密对接实际需求，为职业院校提供卓有成效的模块化教学改革实施方法及建议，推动职业院校提升模块化教学质量，提升学生解决复杂问题的能力，助力"三教"改革。

本书可以作为职业院校管理者、教师的参考书，也可以作为相关课题的教育研究人员的学习用书。

- ◆ 著　　　　王寅峰　钟慧妍　蔡　铁
　　责任编辑　初美呈
　　责任印制　王　郁　焦志炜
- ◆ 人民邮电出版社出版发行　　北京市丰台区成寿寺路 11 号
　　邮编　100164　电子邮件　315@ptpress.com.cn
　　网址　https://www.ptpress.com.cn
　　涿州市京南印刷厂印刷
- ◆ 开本：700×1000　1/16
　　印张：12　　　　　　　　　2025 年 6 月第 1 版
　　字数：212 千字　　　　　　2025 年 6 月河北第 1 次印刷

定价：69.80 元

读者服务热线：(010)81055256　印装质量热线：(010)81055316
反盗版热线：(010)81055315

　　"三教"改革是人才培养教育教学改革研究的核心内容。针对"三教"改革中"如何教"这个核心问题，本研究团队结合教育部首批国家级职业教育教师教学创新团队建设和教育部、财政部"双高计划"高水平专业群建设，在教学一线中围绕模块化教学方法、活模块课程体系构建等关键教学问题进行了长期探索、研究与实践。

　　在探索中，围绕如何促进软件人才分类培养和个性化成才这个长期未得到很好解决的问题，我们提出"产教孪生"理念，紧密对接头部企业，主动引领由传统局域网转向全球公有云的软件开发技能人才培养变革；针对产业技术持续更新，探索"微专业化"软件技术专业群课程体系建设机制；面向云架构、AI和大数据等新业态，在"产教孪生"模式下共同探索职业化、活模块课程体系，及时更新课程模块，课证融通对接X证书；针对产业新技术岗位，推动微专业化人才培养，提升学生新技术岗位胜任力；联合头部企业建设卓越腾飞班、腾实班，探索个性化培养新模式，建设高等职业学校首个高等工程师学院，形成梯度化、精细化、深融通的人才培养体系。

　　在研究中，针对新型软件人才岗位典型工作任务，我们基于能力本位，研究构建"专项能力+综合素质"微专业课程体系的模块化教学方法；通过深入剖析职业能力，紧密对照工作任务的具体需求，提炼出软件专业领域内各个分支所必备的核心技能，构建准确映射每个专业的核心能力要求的职业能力矩阵；提出基于职业能力递进的初、中、高级一体化设计知识技能体系的课程、教材开发方法；通过将职业能力分解为若干技能点，以工单形式实现对每个技能点从0到1的培养；以成果为导向，组合模块化教学项目，在对职业能力矩阵全覆盖培养的基础上，重点建设培养中、高级职业能力的教学体系，以提升学生解决复杂问题的能力，最终实现对能力目标从1到N的培养。

　　在实践中，我们主持制定了《高等职业学校移动应用开发专业教学标准》《高等职业学校软件技术专业实训教学条件建设标准》等高等职业学校专业教学标准，700

多所院校在相关专业建设中以这些教学标准为引领，不断提升教学质量；基于多方协同建设的软件人才个性化精细培养体系获国家级教学成果奖二等奖，主持完成广东省一类品牌专业建设；在教学实践中以模块化教学重构课程体系和结构化团队，开发拥有自主知识产权的模块化教学平台，解决专兼教师多场景分工协作的痛点，建成国家级职业教育教师教学创新团队。在新技术教材建设中重点培养中、高级职业能力，主编出版融入产业新技术的系列国家规划教材和工信部"十四五"规划数字教材；基于AI知识图谱建设新形态人工智能技术应用专业资源库，牵头"职教西行"行动，助力"慕课西部行计划2.0"行动。

"十三五""十四五"期间，国内很多院校、教学团队和研究机构都结合自身人才培养特色开展了丰富多彩的模块化教学研究和实践，并且已经有许多优秀研究成果问世。希望我们开展的"工单式模块化教学改革"研究与实践有一定特色和可操作性，能够为更多院校提升育人质量起到参考作用。非常欢迎各位专家学者和读者提出批评与建议，我们在后续的研究中将不断改进。

本书由王寅峰、钟慧妍、蔡铁撰写，得到广东省国家级职业教育教师教学创新团队特色项目"面向知识图谱构建的工单式模块化教学教师团队建设实践"（CXTD002）、广东省高职教育教学改革项目"基于职业能力分析的'工单式'模块化教学探索与实施"（GDJG2021393），以及国家级职业教育教师教学创新团队重点课题"新时代高等职业院校人工智能技术与应用专业领域团队教师教育教学改革创新与实践"（ZD2020040101）的支持，我们在这里对支持本研究的国家教学团队秘书处、广东省教育厅师资管理处及相关处室的老师们表示感谢。此外我们还要对一同参与"工单式模块化教学改革"研究的吴瑜、程东升、薛国伟、杨海红、曹维、江凯、盛建强、李钦、杨耿、王艳伟、陈亚如、方银萍、潘清华、宋晓清、刘礼、李怒、黄锐军等老师，对研究给予指导的刘俊教授，以及人民邮电出版社相关人员表示深深的谢意。

著者

2024年7月

六、结论 / 107

附录 工单式模块化教学改革实施示例 / 111

一、应用泰勒原理开展模块化教学的需求分析

2022年9月，教育部办公厅发布《教育部办公厅关于进一步加强全国职业院校教师教学创新团队建设的通知》（教师厅函〔2022〕21号），明确要求"突出创新团队模块化教学模式"，并具体指出"创新团队建设要打破学科教学传统模式，把模块化教学作为重要内容，探索创新项目式教学、情境式教学"。

学者古德莱德（John Goodlad）的课程实施层级理论告诉我们，课程分为5个层级，分别是"（研究机构、学术团体与课程专家建设的）理想的课程"（ideological curriculum）、"（研究机构、学术团体与课程专家认可的）正式的课程"（formal curriculum）、"（教师）领悟或理解的课程"（perceived curriculum）、"（教师）运作的课程"（operational curriculum）、"（学生）经验的课程"（experiential curriculum）。结合学者泰勒（Ralph W. Tyler）的课程目标理论，如果我们要进行课程建设，就必须回答下列问题：学校应该达到哪些教育目标？提供哪些教育经验才能实现这些目标？怎样才能有效地组织这些教育经验？怎样才能确定这些目标正在得到实现？

扎根于职业教育领域，要使模块化教学有效落地，需要构建对行业产业和职业教育师生情况有深刻了解的课程建设团队，和能够真正理解它、执行它的教师团队。本研究团队结合泰勒原理，针对全国职业院校教师教学创新团队的"突出创新团队模块化教学模式"要求，在具体教学实施中逐步明确以下4个基本问题。

（1）学校应努力达到哪些教学目标？

模块化教学支撑探索创新项目式教学、情境式教学。对于一个专业群，究竟什么样的模块化教学能够创新项目式教学？多场景下的专兼教师分工协作式教学又会带来什么需要解决的教学新问题？

行业企业到底以什么为动力来全过程参与人才培养方案制订、课程体系重构、模块化教学设计实施？哪些企业应参与人才培养全过程？哪些企业适合参与具体教学过程的某个环节？

（2）学校应提供哪些教育经验才能实现这些目标？

适应产业转型升级和经济高质量发展，按照职业岗位（群）能力要求和相关职业标准，不断开发和完善课程标准。产业转型升级和经济高质量发展，要求学校尽量用"明天的技术培养今天的人才"。但是，"明天的技术"来自哪里？这些技术又应如何转化为学生就业所需要的技能资源？

打破原有的专业课程体系，基于职业工作过程重构专业课程体系。教学中，到底应在哪个层面打破专业课程体系？专业课程体系是依据什么规则打破的？可以根据什么方法重构专业课程体系？重构的专业课程体系在哪些方面体现出先进性？

（3）这些教育经验应如何有效地组织起来？

要积极将职业技能等级标准，行业企业新技术、新工艺、新规范和优质课程等资源纳入专业课程教学，研究制订专业能力模块化课程设置方案，将每个专业划分为若干核心模块。需要清晰地判别模块和之前的课程形态有什么区别，其价值体现在哪里，模块、教学单元、职业能力、职业技能、专业课程、实训项目、教学任务、专业群课程体系这些概念之间的关系如何有效地在模块化教学中围绕适应产业发展的新技术课程资源建设统一起来。

（4）如何确定这些目标正在得到实现？

要做好课程总体设计，创新团队中的教师集体备课、协同教研，进行模块化教学，形成各具特色的教学风格，不断提升教学质量。首先，无学情分析就无高质量教学，教师如何评估本创新团队中其他教师的教学质量并在此基础上准备自己的教学？其次，设计好一门课程后，哪些方法可以复用到其他课程并在专业乃至专业群中进行推广实施？再次，各具特色的教学风格如何供其他教师参考学习？最后，如何给出公平客观的评价各门课程教学质量的指标？教师既要避免增加课时的冲动，也要防止因人设课，避免实训课程随意化、碎片化，避免设置简单重复的"水课"。

使用泰勒原理的优点如下。

（1）注重目标、效率和行为控制，强调通过控制学生的学习行为和教师的教学过程来促进学生对于知识和技能的获得。

（2）把评价融入课程设计过程，提供了可用于修改课程计划的反馈方式。

（3）课程结构紧凑，逻辑脉络简洁清晰，在具体的教学活动中能使师生有据可依，课程设计容易实施，具有很强的可操作性。

（4）把评价关注的焦点从学生身上转向整个课程方案。

"'致广大而尽精微'是成事之道。""致广大"才能在纷繁复杂中洞悉规律、辨明方向，在发展大局中找准定位、明确职责。1949年，泰勒在其著作《课程与教学的基本原理》中提出关于课程编制的4个问题，其可概括为目标、内容、方法与评价，即"目标模式-泰勒原理"。斯滕豪斯提出过程模式，倡导从"既定目标"走向"生成目标"。课程目标是具有生成性的，因此课程制订者要不断接收课程实施过程中教师和学生的反馈，以便及时进行动态调整。而在专业人才培养目标设定中，需要首先设定既定目标以明确人才培养方案，然后根据产业发展情况在教学中与时俱进地修订课程的教学目标，这样才能确保学生毕业后能够积极地面对就业市场的竞争。在专业人才培养过程中，"能力为本位教育"（Competency-Based Education，CBE）和成果导向的"基于学习产出的教育"（Outcome-Based Education，OBE）模式的适用性需要结合具体的专业来分析。本研究团队所在的软件开发/AI技术领域的人才培养强调能力递进。例如，在学生理解编程的语法、函数之前，教师无法先给学生讲解面向对象的概念，这和可以开展模块化教学的汽车维修、机械加工类课程有本质上的不同，不能简单套用模块化重组课程的概念。

以信息技术类专业为例，如软件技术人才培养主要是培养编程思维，编程思维不是编写程序的技巧，而是一种解决问题的思维方式。解决问题可以认为主要是解决如何高效完成从问题空间到解空间的状态转换，通常通过把问题分解成更小的部分，然后逐个解决。学生需要学会分解问题，从中发现规律，建立解决问题的模型，并映射到合适的数据结构和算法上，然后才能根据算法写程序实现。所以软件技术人才培养的课程设计中需要遵循从简单到复杂、从具体到抽象的逻辑。

如果我们把模块化教学放在人才培养的全过程中进行思考，在整个专业课程体系中考虑模块化教学的应用，就可以发现模块化教学在基于职业工作过程重构专业课程体系中的重要性，如图1-1所示。

细节决定成败。"尽精微"才能消除可能存在的风险隐患，确保工作取得实效。如果我们从一线教师的角度去深入思考模块化教学的问题，就无法忽视实施模块化教学中的细节。很多表面的东西会完美地伪装，细节却不会。如何让教师在进行模块化教学前做好学情分析，就是一个关键细节。"魔鬼在细节"这句话是20世纪世界著名建筑师路德维希·密斯·凡德罗总结他的成功经验时进行的高度概括。他认为，一个建筑不管被设计得如何恢宏大气，如果对细节的把握不到位，就不能被称为一件好作品。路德维希·密斯·凡德罗还提出"少就是多"（less is more）的理念，认为简单的东西往往带给人们更多的享受，这类似于"大道至简"。实施模块化教学的教师在配合时应尽量透明操作，不要彼此猜测相互间应如何配合。多尔在《后现代课程观》中强调课程不再被看作是一种凝固的（set）、先验的（priori）跑道，而是个人转变的轨道；强调需要超越视课程为一系列相邻单元的观点，而要视其为丰富的、开放的多层次组合。在支撑模块化教学的教学设计中，各个模块间一定存在组合调度的需求。学校为人才培养制订了详细的教学计划，但当前教学实践中存在一个长期无法解决的问题：实践教学到底有没有按计划执行？

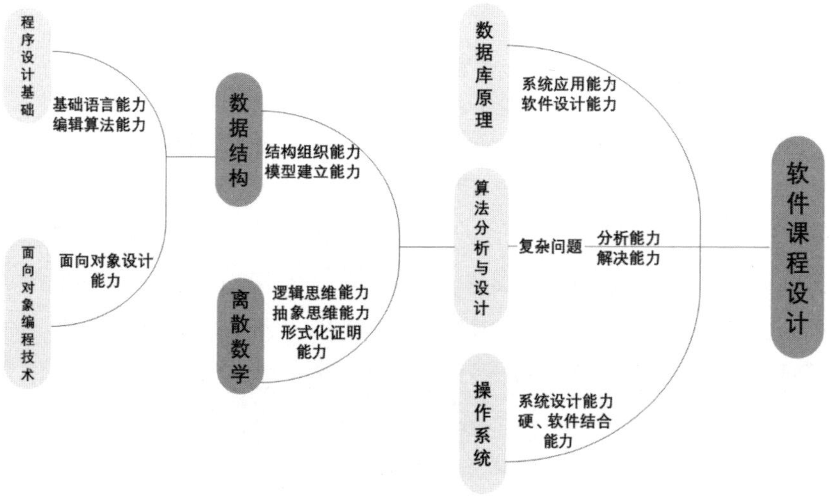

图1-1　软件开发能力的递进培养

围绕专业技能培养的实训月教学是职业院校教学特色，职业院校在4个教学实训周集中进行实践项目训练，通常每天不再安排其他课程。"体验+实践+实战"层层推进，强调各个人才培养环节的相互融通，突出专业技能、基础能力在解决生产一线实践项目问题中的锻炼和提升。以专业的实训月教学设计为例，教学设计在和人才培养方案同步制订之后，在具体实训期间，教师是按计划顺利开展教学，还是进行调整时就出现了盲区？如果一位教师独立完成两周的实训教学，通常在教学目标达到的情况下，我们可以认为该教师按计划完成了实训教学。但其间如果出现调代课的情况，中途接手的代课教师会发现很难与之前的实训教学节奏同步，也无法清晰地按计划进行授课，只能从项目管理的角度进行推进。在这种情况下，多位授课教师的教学质量又应当如何评价？由于课程实施中教师难以组合，实训课程通常由一位教师从始至终地授课，这使得从早到晚的教学和课堂管理都由一位教师负责，教师疲惫，学生也疲惫。

这会引发一些问题，例如教学计划中有创新类实训课程，擅长教学此类课程的教师需要从事其他课程的教学，为让教师上好这门实训课程，学校自然要调整该教师关于其他课程的教学时间。为避免发生教学事故，从教务人员到教师再到学生，都处于紧张的状态。部分不擅长实践项目的教师为达到课时量要求，勉为其难地承担实训教学任务。在实训中，学生反馈项目的技能培养设计没有梯度、小组分工无法发挥自身所长、教师缺乏授课技巧，抱怨没有学到东西的学生不在少数。而督导或者教研室主任也不能做到听评每节课。这样机械的实训安排，已经不能适应当前精细化人才培养的需求。课程应该具有创造性，"课程组织应是非线性的、复杂的，它是由各种交叉点予以界定、充满相关的意义网络"，课程内容应该从封闭走向开放。

"大道至简，实干为要。"为进一步深化职业教育课程与教学改革，必须探索应用模块化教学解决这类深层次问题的路径，依据可量化的方法探索出一套体现专业特色、适应现实需求的模块化课程的开发与实施方法。通过国家级职业教育教师教学创新团队和"双高计划"高水平专业群的具体建设，本研究团队认为模块化教学在专业群层面即各专业课程体系设计上，应遵循泰勒原理设定专业人才培养目标，让学生的学习与行业企业和专业投入建设的课程资源向预定目标逐渐靠拢。而在课程实施过程中，应在课程理念、教学资源组织、教师协同授课等方面兼顾灵活性与确定性，适应开放多变的产业人才培养需求，并因地制宜地结合AI与知识图谱工具，在提升教师能力的同时强调对技能训练的反思与实践。面向数字现场工程师培养，以能力为本位的方法构建"专项能力+综合素质"的职业能力分析模型，进行模块化课程体系设计，发挥企业的作用；以结果导向的教学设计和评估，围绕学生的学习成果进行工单设计，激发教师的积极性，并自主开发工单式模块化教学系统，支持双师团队分工协作、开展模块化教学。以深圳信息职业技术大学为例，2022—2023年，该校计算机与软件学院专业群专业实践课全部实现模块化教学，腾飞班所有核心课程实现模块化教学，2021级学生的"1+X"中级证书通过率达82.05%，高级证书通过率达34.73%；2020级学生的"1+X"中级证书通过率达76.30%，高级证书通过率达21.08%。通过打造因材施教、循序渐进的人才培养新策略和教师分工协作的模块化教学新体系，学生第一志愿报考率达100%、就业创业率达96%，毕业生就业薪酬超过职业院校大类学生平均薪酬150%，逐步达到本科生毕业薪酬水平，其中29.88%的毕业生进入腾讯等世界500强企业，用人单位满意度达100%，家长和在校生满意度分别达到98%和99%，专业群在同类院校中美誉度稳居全国前列。

（一）目标：职业教育"产教孪生"的发展趋势

1. 职业教育规范化

2019年，《国家职业教育改革实施方案》出台，明确提出"职业教育与普通教育是两种不同教育类型，具有同等重要地位"，从国家层面确立职业教育在教育体系中的地位。同年3月，教育部、财政部发布《关于实施中国特色高水平高职学校和专业建设计划的意见》，实施中国特色高水平高职学校和专业建设计划（以下简称"双高计划"）是落实《国家职业教育改革实施方案》的重要举措，"双高计划"是立足职业教育整体发展的引领性制度设计。

2021年4月，全国职业教育大会召开；2021年10月，中共中央办公厅、国务院办公厅印发《关于推动现代职业教育高质量发展的意见》，强调从办学体制、办学机制等方面推动现代职业教育高质量发展。

2022年4月修订的《中华人民共和国职业教育法》明确职业教育是与普通教育具有同等重要地位的教育类型，首次以法律形式明确职业教育的地位，标志着我国进入职业教育高质量发展和建设技能型社会的新阶段，体现了国家办好职业教育的决心和愿望。

2022年10月，党的二十大报告中明确提出"统筹职业教育、高等教育、继续教育协同创新，推进职普融通、产教融合、科教融汇，优化职业教育类型定位"，职业教育迎来前所未有的发展机遇。同年12月，中共中央办公厅、国务院办公厅印发《关于深化现代职业教育体系建设改革的意见》，深入贯彻党的二十大精神，为优化职业教育体系建设和类型定位指明前进方向。

近年来，国家在多方面发力，推动职业教育建设，如教育部等部门相继发布《关于职业院校专业人才培养方案制订与实施工作的指导意见》《国家产教融合建设试点实施方案》《深化新时代职业教育"双师型"教师队伍建设改革实施方案》《职业院校数字校园规范》《职业学校办学条件达标工程实施方案》等文件，从人才培养、校企合作、教师队伍建设、校园建设等方面为职业教育各个层面的发展提供了制度和标准保障。

各地也在积极推进职业教育建设。作为改革开放前沿的深圳市，近年来出台《深圳市人民政府关于加快建设现代职业教育体系的意见》等多个政策文件。2020年，教育部实施部省共建国家职业教育创新发展高地建设行动，将深圳市列为国家职业教育改革市域试点。2020年12月，教育部和广东省人民政府联合印发《教育部　广东省人民政府关于推进深圳职业教育高端发展　争创世界一流的实施意见》，从7个方面出发，提出多项举措推动深圳职业教育高端发展，包括：坚定社会主义办学方向，培养时代新人；瞄准"高精尖缺"，打造人才培养高地；打造现代智慧职教，构建职业教育新生态；创建示范性产教融合型城市，打造高质量发展新引擎；推进粤港澳职教联动发展，打造世界湾区职教高地；主动参与全球职教治理，提升国际影响力；创新保障体制机制，助力职教改革发展。深圳职业教育传承"深圳精神"，正在为全国职业教育建设贡献"深圳方案"。

2．职业教育专业化

自工业革命后，工业界对技术人才的需要直接推动职业教育的兴起与发展。资本主义国家依靠早期工业发展的红利，基于本国国情发展出各具特点的职业教育体系。我国的职业教育起步较晚。黄炎培先生在《学校教育采用实用主义之商榷》中主张用"立体的教育"培养理论和实践相结合的复合型人才，后于1918年创立中华职业学校。新中国成立初期，政府根据"教育与生产劳动相结合"这一原则对职业教育及其人才培养展开探索。但在20世纪80年代后，我国的职业教育才获得较大规模的发展。时代发展到今天，职业教育肩负着培养多样化人才、传承技术技能、促进就业的重要职责，承担着努力培养数以亿计的高素质劳动者和技术技能人才的历史重任，被视为深化教育领域综合改革的战略突破口和转方式、调结构、惠民生的战略支点。

当前，我国正在实现由劳动密集型产业到技术密集型、人才密集型产业的转变，供给侧结构性改革带来巨大的技术技能人才需求，粗放式发展的职业教育面临挑战。2021年，中共中央办公厅、国务院办公厅印发的《关于推动现代职业教育高质量发展的意见》明确提出"到2025年……职业本科教育招生规模不低于高等职业教育招生规模的10%"的主要目标。发展高质量的职业本科教育，培养适应更高岗位需求的特色技能人才，需要对职业教育进行主动的变革，加强产教融合，利用现代信息技术重新为课程和教学体系赋能增值。

2022年8月，我国举办首届世界职业技术教育发展大会，充分彰显了职业教育与经济社会发展紧密相连，对促进就业创业、助力经济社会发展、增进人民福祉具有重要意义。将职业教育与经济社会相联系，凸显了职业教育在教育体系中的重要地位，也说明了国家对职业教育培养高复合型技术技能人才的殷切期望。职业教育适应经济发展，适应供给侧结构性改革需要，发展职业教育是解决高技能人才短缺的重要举措。当前，职业教育毕业生的主要就业地为学校所在的城市及周边城市。职业教育只有主动贴近地区产业发展，学校与政府共同开展人才培养，才能提升学校教育与地区产业发展的契合度。2022年9月，《教育部办公厅等五部门关于实施职业教育现场工程师专项培养计划的通知》提出："建设一批现场工程师学院，培养一大批具备工匠精神，精操作、懂工艺、会管理、善协作、能创新的现场工程师。"

2022年12月，中共中央办公厅、国务院办公厅印发《关于深化现代职业教育体系建设改革的意见》，教育部把深化现代职业教育体系建设改革的战略任务概括为"一体、两翼、五重点"。"'一体'，即探索省域现代职业教育体系建设新模式，是改革的基座。'两翼'，即市域产教联合体和行业产教融合共同体，是改革的载体。一方面，支持省级人民政府以产业园区为基础，打造兼具人才培养、创新创业、促进产业经济高质量发展功能的产教联合体，成立政府、企业、学校、科研机构等多方参与的理事会，实行实体化运作，集聚资金、技术、人才、政策等要素，有效推动各类主体深度参与职业教育。另一方面，优先选择重点行业和重点领域，支持龙头企业和高水平高校、职业学校牵头，组建学校、科研机构、上下游企业等共同参与的跨区域产教融合共同体，汇聚产教资源，开展委托培养、订单培养和学徒制培养，面向行业企业员工开展岗前培训、岗位培训和继续教育，建设技术创新中心，为行业提供稳定的人力资源和技术支撑。'五重点'，即围绕职业教育自立自强，设计的五项重点工作。一是提升职业学校关键办学能力。二是建设'双师型'教师队伍。三是建设开放型区域产教融合实践中心。四是拓展学生成长成才通道。五是创新国际交流与合作机制。"

近年来，"双减"政策作为教育领域的重要议题，引起了广泛的社会关注。这一政策的核心在于减轻学生过重的学业压力与校外培训负担，旨在推动教育公平，提升教育质量。然而，要实现"双减"政策的长远目标，一个不可忽视的关键问题是如何妥善处理公众对于"名校"的特殊情感及其背后所蕴含的深层社会心理。自古以来，人们普遍追求卓越，向往接受更高层次的教育。这种"名校"情结的形成，很大限度上源自"名校"与优质就业机会、较高收入水平及较高社会地位之间的紧密联系。这种观念在一定程度上影响了人们对技术工人和职业教育的认知：许多人认为从事技术工作意味着从事机械重复的劳动，只能拥有较低的薪资待遇和社会地位。因此，在很多情况下，选择职业教育似乎成了父母和子女的无奈之举，而非主动追求的成长路径。为确保"双减"政策的有效实施，社会需要从根源上调整这种认知偏差，倡导一种更加全面和包容的价值观，即尊重每一种职业和教育形式的独特价值。这意味着我们不仅要强调技术工人及职业教育对于国家发展和个人成长的重要性，还要鼓励父母和子女根据自身的兴趣、能力和职业规划做出更加理性的选择，避免盲目追求名校。我们希望构建一个公平竞争、多元发展的社会环境，为所有学生提供更加广阔的发展空间和更多元的成长路径。近年来，本科以上学历的求职者大量涌入就业市场，据新华社报道，2022年全国普通高校毕业生数量为1076万人。

随着社会经济结构改变，新职业工种不断涌现。在AI赋能产业数字化的情况下，可以预见，传统的流水线工种将逐渐消失，取而代之的是需要掌握复杂的操作技能、具备较强信息处理能力的现场工程师。职业教育也在发生着相应的变革：开设更加适应区域产业经济发展的专业，变革教育教学手段以适应新知识、新技能教学的需要……部分职业院校以其专业优势和区位优势获得学生的青睐，如深圳职业技术大学、深圳信息职业技术大学两所职业院校2023年和2024年的部分专业专科录取分数线已超过广东省本科院校录取分数线，学生"用脚投票"选择了具有区位优势的职业院校。

"双减"政策的最终目的是以减压、减负打破基础教育中的"唯成绩论"，尊重个体发展，引导社会理性看待教育。长期以来，职业院校的人才培养没有精准满足企业的用人需求，人才供给与人才需求之间存在结构性矛盾，这也凸显出职业教育教学改革的重要性和迫切性。我们应以职业教育的专业化发展为学生提供更多元的上升通道，通过人才精细化培养缩小职业教育与"名校"教育之间的差距，使教学有创新、学生有特长、专业有特色、学校有品牌、办学有质量，从而使高等职业教育成为人民群众的"优质选项"。倡导"人人皆可成才、人人尽展其才"的观念，为区域经济发展提供高素质技能人才，持续促进社会资源流动。

3. 职业教育的个性化需求

当前社会处在快速变迁时期，互联网时代使得个体能够接触到的信息呈爆炸式增长，个人观点的表达越来越鲜明、便捷，大量的碎片化信息使得追求"短平快"成为年轻一代获取信息的一大特点。之前人们认为，只有基于学科体系的结构化知识才能有效传递，而年轻一代获取信息的特点显然与教育教学中理论化、体系化的知识传授特点有所冲突。但教育也可以适应年轻一代的学习特点，与时俱进地更新教学手段和教学方法，尤其是以能力为本位、技能培养为主要教学目标的职业教育。因为在职业教育中，以实践类内容为主的技能培养课程在人才培养体系中占比较大，更适合开展模块化教学等新型教学改革试验。职业院校可以通过打破对原有结构化知识的认知，结合对产业发展需求的充分认知，将学科知识分解成基于职业能力模型的技能点，让学生在技能点训练中不断提升技术水平，将技能培养与学生知识获取特点相结合，实现理论层面的知识与应用层面的技能的双提升。

一项关于高等职业院校学生学习投入度的研究显示，高等职业院校学生的互动性投入多于自主性投入，学习兴趣影响学习投入度。而实施模块化教学就是要拓宽教学途径，更加注重学生的参与度，通过以能力为主的模块化学习提升学生的学习积极性。职业院校可以利用"互联网+"建立线上线下混合的模块化教学形式，打破时空的限制，提高互动性投入在课程学习中的占比，降低学习难度，提高学习投入度。此外，在模块化教学过程中与企业深度合作，由深入企业一线的教师采用企业实战案例为学生授课，并带领学生实地参观等，能有效培养学生的职业能力和职业精神，提升学生的学习兴趣。以模块化教学为抓手，提升学生的学习兴趣和学习投入度，不仅适应个体发展的需要，也能够提升整体人才培养质量。传统的教育模式往往将学生视为被动的接受者，忽视个体发展和职业规划的重要性，而模块化教学更加注重培养学生的自主学习能力和职业发展能力，以及增强学生的就业意识和就业竞争力。

综上所述，职业教育的目标非常明确，是培养适应某一职业、岗位的技能人才，这使得教学必须更加贴近岗位本身，以讲授为主的教学方法已难以适应当前职业教育发展的要求。许多研究者在教学实践中观察到，当前职业教育存在的一大问题是课程教学和人才培养脱节，院校没有及时了解行业的最新动态和技术发展，在编制人才培养方案、设置课程与建设实训基地时也没有深入了解和反映行业的需求，学生在学习过程中难以获得实践机会和实际职业经验，学习的内容与实际岗位需求脱节，导致其无法适应实际岗位。

职业教育越来越强调校企深度融合，从专业契合产业动态调整，到"因材施教+精细培养"实践中的产业技术的持续更新、学生职业胜任力和职业发展潜力培养都要求专业与产业共同规划人才培养方案。因此我们提出"产教孪生"理念，如图1-2所示。职业院校应充分利用行业头部企业的平台优势及其生态联盟，实现人才需求与人才培养、职业标准与课程体系、技术平台推广与社会服务等产教映射，反映相对应的多维产业需求，更好地实现校企协同育人。

当前大部分职业院校的课程教学仍在课堂中进行，对学生的学习进行评价时，多数教师仍采取结果评价的方式。职业院校的学生主动学习理论知识的能力一般较弱，很难将课堂讲授的知识主动转化成工作岗位中所需使用的技能；技能人才的培养意味着需要更多的实践环节来保证技能的熟练度，仅将学生局限于教材内容和学校环境的教学方式显然不利于学生实现知识转化。此外，结果评价主要关注学生的学术成绩和知识掌握程度，忽视学生在学习过程中的个体差异和发展进程，缺乏对学生综合能力和职业素养的评估，这可能导致学生缺乏必要的综合能力和职业素养，无法应对实际工作中的挑战。

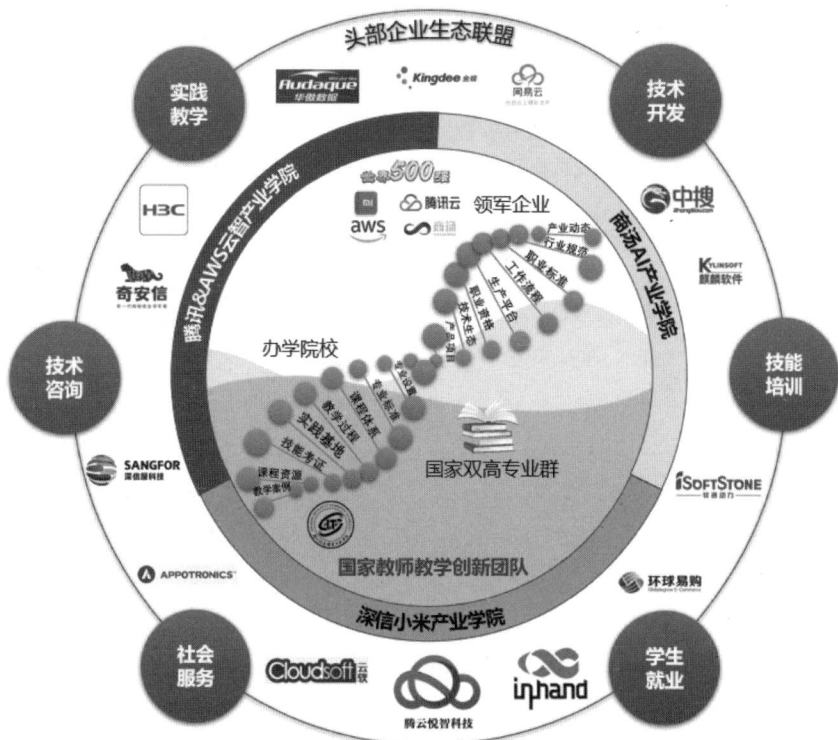

图1-2 "产教孪生"理念推动专业建设——以深圳信息职业技术学院软件学院为例

依据"产教孪生"理念,职业院校应通过与行业领军企业深度合作来了解岗位需求,并将这些需求反映到课程体系的设计中,尽量减少课程设置与人才培养脱节的问题。模块化教学将课程划分为不同的模块,各模块按照能力分级、专注于特定的技能和知识领域。学生可以根据自己的兴趣、能力和职业目标选择适合自己的模块,在自己感兴趣的领域深入学习,并培养出符合行业需求的专业技能。此外,模块化教学强调学习过程评价和学习结果评价相结合,因此,教师可以更好地观察和评估学生在每个模块中的学习进展和表现。这有助于教师及时发现学生在学习上的问题,并采取相应的教学策略,以改善学生的学习效果,促进学生的个体发展,并通过实践项目和案例研究等方式培养学生的综合能力和职业素养。

2019年,《国家职业教育改革实施方案》出台,提出"探索组建高水平、结构化教师教学创新团队,教师分工协作进行模块化教学",随后,"双高计划"和国家级职业教育教师教学创新团队等都将模块化教学作为必选项,充分反映了分工协作的模块化教学在教学质量提升方面的重要意义。高等职业院校的专业人才培养急需打破传统教育教学模式的壁垒,寻求更加适应企业实际岗位需求的教学模式。

（二）内容：适应职业教育发展趋势，以模块化教学培育数字现场工程师

现场工程师也被称为现场应用工程师，他们工作在管理、工程、生产、服务等一线岗位，具有完备的技术能力和丰富的现场经验，能在第一时间用科学原理分析并用技术应对各种突发情况，能够高效机智、随需应变地解决在工作现场遇到的工程技术问题。面对数字化、智能化职业场景的不断出现，没有哪个行业的岗位可以脱离软件而存在，数字化赋能千行百业已成为必然趋势。培养数字现场工程师是主动面向智能化、数字化，将人工智能、大数据、区块链等信息技术渗透到人才培养全过程，强化培养对象的数字意识、数字能力和数字化素养，达到职业教育现场工程师专项培养计划中的"高端化、数字化、智能化、绿色化发展要求"的过程。人才培养的核心是要解决"谁来教、教什么、如何教"的问题。"谁来教"的关键在于深化产教融合、校企合作机制，全面推动产教协同育人。"教什么"必须聚焦行业发展趋势，了解行企用人需求。"如何教"的关键在于实现教育资源和企业资源精准对接，人才链和产业链有效衔接，以及"产教孪生"，让学生参与生产管理、新产品研发和技术改造等一线岗位的各项企业活动。教师需要根据学生的知识和能力水平，灵活组合资源，因材施教构建不同的教学方案，使学生在各项活动中逐步掌握职业技能、提高职业能力。而针对如何提高数字现场工程师的培养质量，则需要将生产一线的环境因素，包括生产过程、技术方法、现场管理、质量保障以及可能出现的问题等，都尽量融入教学实践。

1. 政策引导

近年来，国家大力推动职业教育课程教学改革，提出创新教学模式与方法，强调改进教学内容，并提出加快建设新形态教材，以适应结构化、模块化专业课程教学和教材出版的要求。2021年，中共中央办公厅、国务院办公厅印发了《关于推动现代职业教育高质量发展的意见》，提出创新教学模式与方法，普遍开展项目教学、情境教学、模块化教学，推动现代信息技术与教育教学深度融合，提高课堂教学质量；改进教学内容与教材，完善"岗课赛证"综合育人机制，按照生产实际和岗位需求设计开发课程，开发模块化、系统化的实训课程体系，提升学生实践能力。2022年，教育部办公厅发布《教育部办公厅关于进一步加强全国职业院校教师教学创新团队建设的通知》，提出"突出创新团队模块化教学模式"。在教材方面，2021年，教育部办公厅印发《"十四五"职业教育规划教材建设实施方案》，提出"加快建设新形态教材。适应结构化、模块化专业课程教学和教材出版要求，重点推动相关专业核

心课程以真实生产项目、典型工作任务、案例等为载体组织教学单元"。

2．专业要求

职业教育的专业对应职业岗位群，即一个专业对应一个或几个职业岗位。专业群又对应更大的岗位群，专业群侧重于产业链中、专业领域内各岗位的职业能力培养。各专业群内的专业之间是协同关系，不是从属关系，各专业具有相对独立性，相互支撑，资源共享，让原本离散的单体专业发挥协同育人作用。专业群中各专业课程可以形成初级可共用、中级可共有、高级可共选的组合结构。以软件技术专业群为例，如表1-1所示，软件技术、移动互联应用技术、大数据技术、人工智能技术应用、区块链技术应用、嵌入式技术应用专业的所属专业大类、所属专业类别、对应行业均一致；在主要职业类别中，除区块链技术应用专业，其余5个专业都包含计算机软件工程技术人员。区块链技术应用专业虽不包含此职业类别，但在基础课程中也需包含相应的程序设计基础知识。因此，研究者及其团队应在职业能力分析的基础上划分不同的能力和技能模块，以工单为最小的模块组成单元，建立专业群的模块化教学资源库。专业群内各专业教师在课程组织时均可调用相关工单资源，促进专业群资源共享，简化专兼教师团队的学情沟通，提升教师协作效率。

表 1-1　软件技术专业群相关信息

专业	所属专业大类	所属专业类别	对应行业	主要职业类别	主要岗位类别（或技术领域）举例
软件技术	51电子与信息大类	5102计算机类	65软件和信息技术服务业	2-02-10-03 计算机软件工程技术人员 2-02-10-04 计算机网络工程技术人员 2-02-10-08 信息系统运行维护工程技术人员	1. Web应用开发工程师 2. Java开发工程师 3. Python开发工程师 4. AI应用开发工程师 5. 计算机软件测试工程师 6. 虚拟现实应用开发工程师 7. 工业软件应用开发工程师
移动互联应用技术				2-02-10-03 计算机软件工程技术人员	1. 移动应用软件开发工程师 2. Web前端开发工程师 3. UI设计工程师 4. 计算机软件测试工程师

续表

专业	所属专业大类	所属专业类别	对应行业	主要职业类别	主要岗位类别（或技术领域）举例
大数据技术	51电子与信息大类	5102计算机类	65软件和信息技术服务业	2-02-30-09 数据分析处理工程技术人员 2-02-10-03 计算机软件工程技术人员 2-02-10-08 信息系统运行维护工程技术人员	1. 大数据应用开发工程师 2. 大数据平台运维工程师 3. 云运维工程师 4. 云开发工程师
人工智能技术应用				2-02-38-01 人工智能工程技术人员 2-02-10-03 计算机软件工程技术人员	1. 人工智能开发工程师 2. 数据处理工程师 3. 人工智能产品服务与运维工程师
区块链技术应用				2-02-38-08 区块链工程技术人员 4-04-05-06 区块链应用操作员	1. 区块链开发工程师 2. 软件开发工程师 3. 区块链技术支持工程师 4. 区块链运维工程师
嵌入式技术应用				2-02-10-03 计算机软件工程技术人员 4-04-05-01 计算机程序设计员	1. 嵌入式应用软件开发工程师 2. 嵌入式系统测试工程师 3. 嵌入式系统助理工程师

（三）方法：模块化教学的发展与特点

职业教育课程模式大致经历了从学科体系课程模式向学科整合课程模式过渡的阶段、从学科整合课程模式向主题导向课程模式过渡的部分质变阶段、从主题导向课程模式向行动体系课程模式过渡的创新优化阶段。行动体系课程包括模块化课程、项目课程、学习领域课程、一体化课程和工作过程系统化课程等。

1. 模块化课程的发展

模块化课程主要分为技能模块化（Modules of Employable Skills，MES）课程和CBE课程。职业教育发达国家的顶层制度建构较为合理，这些国家的政府、学校、企业分工明确，合作形式多样。从中不难发现，课程建设适应经济社会发展需求是职业教育高质量发展的基石。20世纪70年代，英国为适应社会需要，开始以MES课程进行职业教育与培训。MES课程的基本价值取向是灵活组合的同时还能精确控制课程实施的每一个细节，并让课程能够和工作体系完全匹配。模块化课程将学习内容划分为独立的模块或单元，每个模块都包含特定的主题或概念。每个模块都可以独立地进行教授和学习，而且模块之间可以按照不同的顺序组合，以适应学生的学习需求，达成相应的教学目标。通过将学习内容划分为小的模块，学生可以更深入地掌握每个概念，并将它们应用于实际问题的解决。此外，模块化教学需要在不同的模块之间建立联系和整合知识，可以促进学生的批判性思维和问题解决能力发展。模块化教学在许多教育领域都有应用，包括学校教育、职业培训和在线学习等。

CBE课程早期被用于培训，由于MES课程过分强调技能而非综合的职业能力，CBE课程开始广泛应用于职业教育。CBE课程的关键是教学计划开发（Developing A Curriculum，DACUM）课程开发方法。DACUM的主要流程为职业/工作分析—职责分析—任务分析，形成DACUM能力图表教学分析。DACUM课程开发方法从实际工作需要出发，以学生技能培养为目标，具有鲜明的职业教育特色。1999年，欧洲29国教育部部长共同签署《博洛尼亚宣言》，拉开"欧洲高等教育一体化进程"的序幕。在"博洛尼亚进程"的推动下，欧洲强制性推行"模块教育"，欧盟境内高等院校掀起一股推广模块化教学的热潮。职业教育体系也开始探索实行模块化，2006年，德国将模块化培训引入职业教育体系。

我国早期的职业教育模块化教学研究以各国比较研究及经验总结为主，主要是介绍各国在职业教育改革中进行课程和教学建设的不同做法。进入21世纪，我国职业教育领域有研究者对高等职业教育课程模块化设计进行探讨，将课程设置为基础理论模块、行业技能模块、学科前沿信息模块，以此提升学生的动手能力、转化能力、生存能力。2007年，有研究者进行课程模块化设计的技术路线研究，将技术路线设计为职业分析—工作分析—专项能力分析—教学分析—教学设计与开发—教学实施。随着近年来职业教育的不断发展，我国的职业教育也显示出中国特色。有研究者提出依托"三教"改革的"双高计划"落地模型（见图1-3），即形成以教师、教法、教材为教学载体，模块化课程建设为连接纽带，结构化团队为基础，工单式活页教材为重点，项目化教学为核心的联动机制。此外，有研究者提出职业教育模块化课程的使用模式（见图1-4），一门课程可基于项目/情境，并根据课程需求以单元、模块、任务为切入点进行设计。

2. 模块化教学的特点

目前，模块化教学在学界已有诸多研究，总结模块化教学的特点，与职业教育较为相关的有如下几点。

（1）灵活性和个性化

模块开发遵循两大基本原则：最大限度的灵活性和坚持以学习者为中心。模块化教学可以为学生提供更灵活和更具个性化的学习路径，使学生能够根据自己的兴趣、能力和职业目标选择适合自己的模块。这有助于满足不同学生的学习需求，增强学习动机和提高参与度。学生可以选择更具挑战性的模块来拓展自己的知识和技能，或选择更专业化的模块来提升自己在特定领域的竞争力。模块化教学还鼓励学生根据每个模块的学习目标和评估标准，自主安排学习时间和学习方式。学生可以根据自己的学习进展和理解程度，自我评估学习成果，并及时调整学习策略和目标，以更好地掌握自己的学习进程，提高学习效果和自主学习能力。以英国为例，其职业教育体系便是模块化教学模式的典型代表。英国职业教育采用职业资格框架，将课程划分为不同的模块和层次。学习者的目标是取得英国国家职业资格证书（National Vocational Qualifications，NVQ）。这个证书由不同的模块（Units）组成，学习者自行选择模块以获得相应模块的证书，模块间通常以组合的形式构成资格证书以及文凭级别的认定。

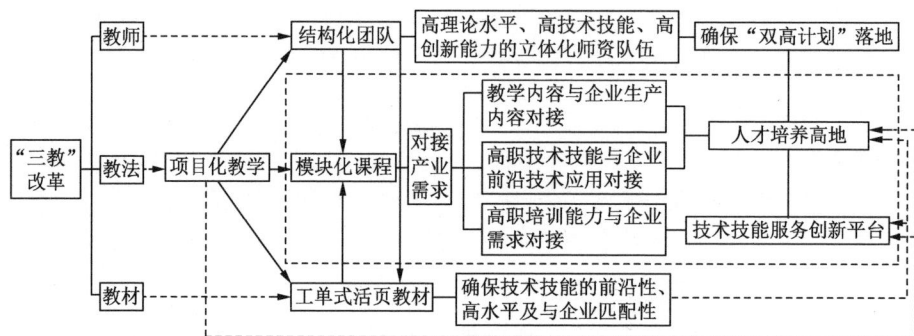

图1-3　依托"三教"改革的"双高计划"落地模型

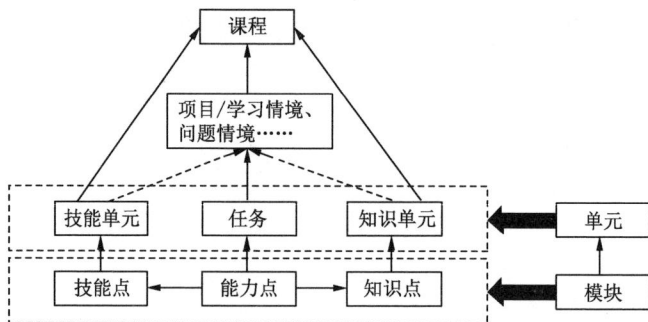

图1-4　职业教育模块化课程的使用模式

（2）实用性和职业导向

美国社区学院建立了以胜任岗位工作要求为出发点的教学体系、以胜任力培养为基础的教育理论体系和以实现CBE模式为目的的DACUM课程开发方法。国内有研究者提出构建基于职业标准的模块化课程体系，如图1-5所示，将职业标准分成基础模块和岗位模块，并将基础模块和岗位模块进一步细化为各种子模块，以形成完整的课程体系。

图1-5　基于职业标准的模块化课程体系

（3）跨学科和综合能力

模块化教学可以促进跨学科的学习和综合能力的培养。学生可以学习涵盖多个学科领域的不同模块，每个模块都有明确的学习目标和评估标准，学生需要整合和应用不同模块中学到的知识和技能来解决实际问题。这种综合能力的培养涉及跨学科的思维和跨领域的应用能力。

通过跨学科的学习和综合能力的培养，模块化教学为学生提供更全面的学习体验。在当前AI技术和知识图谱工具的支持下，学生能更方便地从不同学科中获取不同的视角和方法，培养批判性思维和问题解决能力，这也要求学生在模块化教学中将不同学科的知识和技能相互融合，形成创新思维和综合解决方案。这种综合能力的培养使学生能够更好地应对复杂的职业挑战，提高职业竞争力和适应性，这也符合数字现场工程师培养的具体要求。

3. 模块化教学的关键要素

（1）课程设计

将课程划分为独立的模块后，每个模块都有明确的学习目标和评估标准。课程设计者应确保每个模块都与实际职业需求紧密相关，并提供实践机会和案例研究，以帮助学生将所学知识应用到实际情境中。

（2）学习资源

学习资源应该与课程目标和学习内容相匹配，满足学生的学习需求。在模块化教学中，每个模块都有配套的学习资源，包括教材、在线课程、实验设备等，能够确保学生获得充分的学习支持，独立学习和掌握每个模块的内容。

（3）教学方法

教学方法是指教师在教学过程中采用的具体教学策略和方式。在模块化教学中，教师可根据模块安排采用多样化的教学方法，包括讲授、实践、案例分析、小组讨论等，以满足不同学生的学习需求。模块化教学鼓励学生参与实际项目和实习，为学生提供了实践经验和职业技能的获取途径。

（4）教学评估机制

教学评估机制是指用于评估教师教学效果和学生学习成果的一系列方法和程序。它旨在收集、分析和解释学生的学习表现和教师的教学质量，以便提供有关学生学习进展和教师教学改进的信息。模块化教学采取多样化的教学评估手段，如项目作业、实践考核、小组比赛、小组演示等，以评估学生的综合能力和教师的职业素养。

（四）评价：模块化教学需解决的系列问题

模块化教学中的"课程模块"通常指打破课程体系藩篱，围绕培养某一特定能力的目标将所需要的知识、实践操作理论、实践教学活动集成在一起，形成具有一定内在联系的有机的"教学模块"。这种方式强调要以能力输出为导向构建模块化课程体系，在具体实践中多以课程组合的方式进行教学设计。

结合众多职业院校的实施经验和本研究团队多年的实践探索，模块化教学实施过程中仍然存在许多亟需解决的问题，主要有以下6类。

1. 人才培养目标与模块化教学之间"失效"的问题

课程的主要内容是一系列技能训练，一门课程难以适应不同专业的岗位职业能力培养要求。如果采用课程组合式的模块化教学形式，则课程之间缺乏系统性、连贯性的梯度训练，既难以对职业能力进行有机组合以进行有针对性的强化训练，又无法对课程教学内容进行取舍，难以确保课程组合能够实现对职业能力的全覆盖。教研室往往通过细分各课程教学单元，在人才培养方案中对教学内容进行详细的重组。这种全过程的课程安排缺乏弹性，每个专业的课程设置和课程内容都是预先设定的，学生入学时选择专业等于选定了全部的学习内容和确定了全程的学习进度。这种刚性安排不是应用泰勒原理的初衷，不利于调动学生的学习兴趣和促进学生的个性发展。课程单元的教学资源不是一成不变的，如果在教学中有所调整，如何确保整个人才培养过程是按计划进行的？也就是说，模块化教学的粒度和最小实施单元到底是什么？如何确保对学生的能力培养能够实现对岗位需求的全覆盖，并能够强化学生的高级技能？必须有可量化的手段才能进行设计与评估。

2. 课程需求与教师安排"失配"的问题

云计算、AI、大数据等技术技能课程日新月异，为发挥企业教师所长，找到目前教学中的盲点，职业院校需要面向不同职业岗位方向，根据不同课程模块组合，优化教师结构，选择同一方向、模块的教师组成教学创新团队，让双师团队成员扮演其擅长的工作角色，讲授对应的课程模块，持续提升学生学习新技术的能力。在同一门课程中负责不同模块教学的团队成员，常常又会在另一门课程中负责不同的模块。如果开设多个平行班级，想要从教学管理的角度灵活地将课程中的单元匹配给合适的教师，就需要按教学模块进行排课，这是结构化双师团队建设面临的一大挑战。

3．教学资源建设与模块化教学"失序"的问题

在职业教育的课堂上，学生不听讲是一个"老大难"问题。教学和课堂是否有吸引力，归根结底在于是否建设学生感兴趣的教学资源。当前各职业院校的资源建设普遍按照某个专业的培养要求，以独立项目进行计划和实施，缺乏对专业群内课程资源、教师资源、实训资源的共享整合，缺乏对学生从专业群到专业的多元递进成长路径的深入研究和系统安排。如果以专业为口径进行人才培养和教学改革设计，当学生根据个人兴趣和职业规划选择课程时，职业院校就要按照产业发展趋势和市场需求，实时开发、更新模块化课程，在教学过程中形成有机组合。新技术课程资源建设需要及时加入一线生产环境的项目，因此模块化教学必须合理划分资源的粒度以激发教师活力，形成标准化的接口，这样才能有的放矢地支持各类教学资源融入不同的课程教学之中。

4．模块化教学手段与学生评价"失真"的问题

虽然听评课制度实现了形式上的课程拆解和教师分工，但在学生学习完一个模块后如何对其能力培养的效果进行评估？如何确保在模块化教学的过程中，学生能够掌握每项技能及养成该技能所对应的通用职业能力？目前几乎所有的模块化教学实践都存在无细粒度的过程评价标准，难以跟踪评价某个学生的课堂表现，缺乏量化指标，以及评价方式和评价主体单一等问题。

5．课程思政与职业精神培养融入"失调"的问题

黄炎培先生曾说过，"仅仅教学生职业，而于精神的陶冶全不注意，是把一种很好的教育变成'器械的教育'，只能是改良艺徒培训，不能称为职业教育"。百年前，他就要求中华职业学校的学生要有"金的人格""铁的纪律"，非常注重对学生的人格塑造和精神培育。高等职业院校的学生正处于思想观念、道德观念、人格品质逐步走向成熟的时期，这一时期对学生的社会化非常关键。党的十八大以来，一系列关于弘扬劳模精神和工匠精神的重要论述充分显示出职业精神的重要性。通过课程思政培育学生的职业道德和职业精神，落实教育立德树人的根本任务，是新时代高

素质技能人才的精神导向。因此，高等职业院校应当正视当前在模块化教学的实施过程中，技术课程对学生的培养主要集中在对技能本身的培养上，忽视了对学生职业道德、职业精神的一体化培养的问题。要想在教学改革中充分体现"三全"育人，在专业课课堂中融入思政内容，加强职业道德和职业精神教育，在潜移默化中帮助学生树立正确的世界观、人生观和价值观，这需要高等职业院校在模块化教学的顶层设计中明确各个模块要完成的课程思政目标。

6. 课程资源建设与团队集体备课教学要求"失约"的问题

我们已经逐步明确：课程建设和模块化教学一定要有教学资源支撑。高技能人才培养，离不开对中、高级职业能力的强化培养。但是在专业的实际建设中，存在专业引入一套资源后往往只有一门课程使用的情况。其他教师未在需求阶段参与，他们不再关注资源中是否有可利用的内容，这导致资源建设的投入与产出不成正比，并且不同专业间存在重复引入资源的问题。此外，在课程资源建设中，因为企业提供的资源来自生产用户的需求，而教师在缺乏行业背景的情况下反思实践能力不足，未将企业提供的相关资源按照教学难度分层，只是简单地将资源交给学生，造成同源的技术在不同教师的教学中形成技能训练的梯度不同，给教学造成困扰。特别的，如果某个课程只有一两位教师进行教学，很容易出现教师将大量时间、精力聚焦在基础能力培养的资源建设方面，而中、高级技能培养因精力不足疏于资源建设，没有真正实现教学目标。归根结底，上述问题的出现源于在集体备课、协同教研和分工协作等方面缺乏有力的教学支撑工具，并且教学单元的粒度、教学安排的尺度缺乏统一的顶层设计。在信息化手段运用不够充分的情况下，集体备课、协同教研和分工协作要求教师团队制订详细的计划，填写复杂的表格，并整理繁多的文档，最终这些任务往往仅在形式上得以完成。

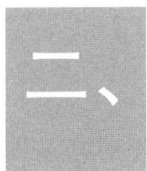

二、以能力为本位进行模块化课程体系设计

本研究团队的模块化教学实践经历主要包括按时间划分的课程模块化阶段、计算思维分析阶段、编制高等职业院校专业教学标准和进行职业能力分析阶段。从前两个阶段的实践中我们发现，虽然职业院校与行业领军企业组建专业教学指导委员会，企业定期参与人才培养方案编制过程，但在具体的实践过程中还是存在课程内容与实践脱节的问题。同时，部分企业对于职业教育存在观望心态，仅就岗位工作的某个环节进行讨论，在会议中更多提出的是设想和要求，并未打算参与具体的职业教育课程建设，在实践中全凭学校和教师的理解，这会产生培养目标无法充分落实的问题。CBE课程以行业需求为导向，突出强调教学的灵活性和管理的科学性，侧重实践环节。DACUM课程开发方法的核心在于职业目标分析（工作分析、人物分析、能力分析），并据此进行模块化课程设计和考核标准制定。这种课程开发方法的考核标准由用人单位进行制定，教学方法由教师自行设计，充分尊重行业需求，也兼顾了教师教学的灵活性。

本研究团队借鉴CBE模式，在模块化教学设计中以职业能力为出发点，构建"专项能力+综合素质"的职业能力分析模型，在职业能力分析阶段与企业进行深入的沟通，了解企业的用人需求，通过对不同职业领域的能力要求进行分析和总结，形成职业能力矩阵，确保职业能力矩阵涵盖各个职业岗位所需的核心能力和技能。本研究团队还根据职业能力矩阵设计和开发相应的模块化课程，每个模块可以针对矩阵中的特定能力要求，确保教学内容与职业需求紧密匹配。

（一）模块化教学探索

1. 计算思维引导下的模块化教学改革探索之路

计算思维是一种分析和解决问题的思维，它强调使用逻辑、抽象和算法等计算概念来分析和解决问题。计算思维不仅仅是计算机科学领域中的思维，也可以应用于其他领域，如数学、科学、工程等领域，还可以用于日常生活中的问题解决。计算思维的核心概念包括分解问题、模式识别、抽象建模、算法设计和评估等，具体来说就是，将问题分解为更小的子问题，识别问题中的模式和规律，抽象出问题的本质和关键特征，设计有效的算法来解决问题，并评估算法的效果和复杂性。研究者尝试将计算思维的特质融入模块化教学改革的探索过程中，如图2-1所示。本研究团队经历了较长的模块化教学过程，在计算思维的引导下逐步形成工单式模块化教学模式：在每一次的模块化教学探索中不断发现问题，分析问题的异同并抽象出共性，泛化出不同的解决方案并分析和评价不同解决方案的适用性，最终找到最适合软件技术相关专业的工单式模块化教学模式。

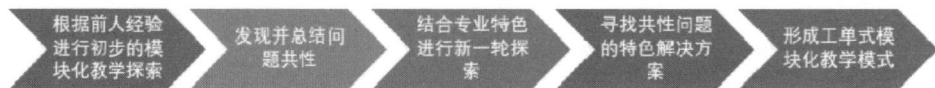

图2-1　计算思维引导下的模块化教学改革实践路径

2. 知识图谱概念下的模块化教学新思路

知识图谱是一种用于表示和组织知识的图形化结构，它通过对实体、属性和关系等知识元素以图形的形式进行建模和连接，使得机器能够理解和处理知识。知识图谱通常包含3个主要组成部分：实体、属性和关系。实体代表现实世界中的具体事物，属性描述实体的特征或性质，关系表示实体之间的联系。将这些知识元素以图形的形式连接，可以构建一个丰富而有结构的知识网络。知识图谱的应用非常广泛，它可以用于构建智能助理、知识图谱搜索引擎、智能问答系统等。将大量的知识和信息整合到一个统一的图谱中，可以提供更准确、全面和智能的知识服务。

对知识图谱的研究也为研究者提供了模块化教学的新思路，研究者开始从以下几个方面探索知识图谱与模块化教学的结合对教学效果和学习体验的提升作用。

（1）教学设计：知识图谱可以帮助教师对知识和概念进行组织与分类，形成模块化的教学内容。通过对知识图谱中的实体、属性和关系与教学目标和课程内容进行对应，教师可以更好地设计和组织模块化的教学活动和资源。

（2）个性化学习支持：知识图谱的个性化推荐和智能化分析功能，使其可以根据学生的学习需求和兴趣，为他们提供定制化的学习资源和建议。这有助于实现个性化学习，使学生能够根据自己的学习目标和能力选择和组合适合自己的学习模块。

同时，模块化教学也能对知识图谱产生积极影响。首先，在模块化教学的实施过程中，教师和学生可以通过互动和合作不断产生新的知识和理解，这些新的知识和理解可以被整理与加入知识图谱中，丰富和更新知识图谱的内容。其次，模块化教学的实践可以为知识图谱的发展提供实际的应用场景和反馈。最后，模块化教学的实施需要教师和学生使用与知识图谱相关的工具和平台，这促使这些工具和平台得到发展，反过来为教师和学生提供更好的教学和学习体验。

但是，知识图谱如果仅应用于一门课程的建设，实际上并不能够有效发挥其强大作用。结合课程体系的重构，我们发现知识图谱能够整合多门课程并最终实现对专业群课程体系的持续改进与优化，在"产教孪生"课程体系的建设中发挥持续的指导作用。

3．模块化教学改革经历的探索阶段

在对模块化教学改革的探索中，本研究团队经历了按时间划分的课程模块化阶段、计算思维分析阶段、编制高等职业院校专业教学标准和进行职业能力分析阶段。

（1）按时间划分的课程模块化阶段

在按时间划分的课程模块化阶段，本研究团队参考前人经验，根据软件类专业的课程特点，尝试按照前半学期和后半学期来进行课程模块划分，分别由专任教师和兼职教师进行授课。但我们在实施过程中发现，简单地根据半学期来划分课程模块的形式是僵化的，课程模块之间的联系和整合不够紧密。

这样的模块化方式无法充分反映课程内容的内在逻辑和知识结构，模块化的程度不够高。对课程内容按照时间进行"一刀切"式的拆分虽然有利于排课，但教师无法及时响应技能升级和岗位变化产生的人才培养需求，也未发挥模块化教学的灵活性和个性化特点。

（2）计算思维分析阶段

在按时间划分的课程模块化阶段的实践经验基础上，研究者开始深入思考模块之间的关系，以及如何更好地组织和安排课程内容。研究者参考在教学过程中用到的图形化编程中的搭积木式思维，将课程视为由不同的组件构成的程序。图形化编程中的搭积木式思维是一种以图形化的方式组合和构建程序的思维方式，它通过使用图形化的积木块来表示不同的编程功能和操作，使编程过程更加直观和可视化。

搭积木式思维的核心概念是将程序分解为多个独立的功能块，每个功能块代表

一个特定的操作或功能。这些功能块可以通过拖动或连接的方式组合在一起，形成一个完整的程序。每个功能块都有明确的输入和输出，它们之间的连接表示数据的流动和处理。搭积木式思维的优势在于它降低了编程的复杂性和抽象性，使编程过程更加直观和可视化。通过使用图形化的积木块，编程者可以更容易地理解和组织程序的逻辑结构。研究者在2013年开始编写"图形化积木式编程"系列教材（《App Inventor实践教程——Android智能应用开发前传》《App Inventor 2 中文版开发实战：Android智能应用开发前传》《零基础图形化智能移动应用编程——App Inventor开发智能应用》等），并结合多种积木的搭建体验，对这种组件式编程有较深入的理解。凭借搭积木式思维，本研究团队思考积木组件和模块之间的关系，尝试更好地理解和规划课程模块之间的联系，研究如何设定基本模块，以及如何将它们组合起来，以构建一个完整的课程。

搭积木式思维强调模块化和组合的思维方式，与计算思维中的分解问题、抽象建模和算法设计等概念相呼应。由搭积木式思维出发，研究者为模块化教学改革的探索过程树立起更为宏观的计算思维观念。它着重于将复杂问题拆解为更易分析的小部分，找出其中的模式与规则，提炼出核心要素和主要特点，提出高效的解决策略，并对这些策略的结果及其计算复杂度进行评价。例如，为了培养学生能够胜任AI岗位，可以围绕AI领军企业典型工作岗位所需的核心技能展开教学，如智能搜索、智能识别、智能推荐等技术。这样不仅能够帮助学生掌握分解复杂问题、识别模式与规律、提炼关键特征以及设计高效算法的能力，还能让他们学会如何评估这些算法的效果和计算复杂度。在这个阶段，各个技术模块开始形成，专兼教师协同实施基础课程的项目化教学，探索情景式教学，实施实训课程的工作过程导向教学。

模块化教学改革不是一蹴而就的，利用计算思维对模块化教学改革实践过程中遇到的问题进行分析，识别问题中的模式和规律，抽象出问题的本质和关键特征，为有效提升模块化教学改革的实施成效、探索适应信息技术大类专业发展的模块化教学路径奠定了坚实的理论基础。

（3）编制高等职业院校专业教学标准和进行职业能力分析阶段

研究者在此阶段主持了《高等职业学校移动应用开发专业教学标准》的编制，在此过程中应用DACUM课程开发方法对专业教学标准开发、课程标准开发有了更为整体而深入的认知，也对职业分析、教学分析等内容有了全面的掌握，并将此收获内化到深圳信息职业技术学院的教学改革进程中。研究者在此阶段进行深入的职业能力分析，进一步明确专业人才培养的要求，确定专业要培养学生所需的组件（能力+技能）。按此方法形成的专业教学标准成为其他10余个标准制订团队的参考模板。

　　基于这些要求，研究者组织团队对人才培养的组件进行构建，制订不同的能力和技能模块，并确保为学生提供必要的资源支持，以帮助他们达到这些能力和技能的要求。在此过程中，研究者引入OBE的教学设计理念，强调为学生提供适应其基础的技能学习材料，通过学习材料的掌握程度判断学生的技能达成度，并根据课程对应的技能要求不断深入学习。面对技能点多且庞杂的情况，研究者对不同技能点的材料进行整合和优化，设计出与软件技术类知识点相匹配的学习材料模板，"工单"逐渐成形。在此阶段，教师可以充分利用知识图谱对课程内容进行组织并使其结构化，对知识点、概念、关系等信息进行分类和归纳。通过知识图谱的可视化展示，教师可以清晰地了解课程的整体框架和各个模块之间的关系，对相关的知识点进行整合，从而促进模块化教学的衔接和拓展，更好地进行模块化教学的规划和设计。同时，基于知识图谱构建的个性化学习推荐系统，教师可以根据学生的学习需求和兴趣，为其推荐适合的模块化学习资源。通过分析学生的学习历史和知识图谱中的关系，教师可以准确地了解学生的知识水平和学习需求，为其提供个性化的学习路径和资源，从而提高学生的学习效果和学习动力。在此阶段，教师可以在以下几个方面对计算思维和知识图谱进行结合，进一步提升模块化教学的科学性。

　　① 在知识抽象与建模方面，计算思维可以帮助教师和学生对知识点、概念、关系等信息进行抽象和建模。教师可以引导学生通过分析和归纳，对课程中的知识点和概念进行抽象，然后对它们之间的关系进行建模。这些抽象和建模的过程可以借鉴计算思维中的概念，如分解问题、模式识别、抽象建模等。

　　② 在模块化知识组织方面，教师可以利用计算思维对知识点和概念进行模块化组织。教师可以将课程内容划分为不同的模块，使每个模块包含一组相关的知识点和概念。

　　③ 在知识图谱知识关系的构建方面，教师可以引导学生通过分析和思考确定知识点之间的关系，如层次关系、依赖关系、相似关系等。学生可以利用计算思维对这些关系进行建模和表示，形成知识图谱中的边和节点。

　　④ 在知识图谱的可视化与交互方面，教师可以使用图形化工具或编程语言对知识图谱中的边和节点进行可视化展示，使其更加直观和易于理解。同时，计算思维还可以提供交互式的操作和导航功能，使教师和学生能够更灵活地浏览和使用知识图谱。

⑤ 在模块化教学的设计与实施方面，构建好的知识图谱可以应用于模块化教学的设计与实施，如图2-2所示。教师可以根据知识图谱的结构和关系，设计和规划模块化的教学内容和活动。

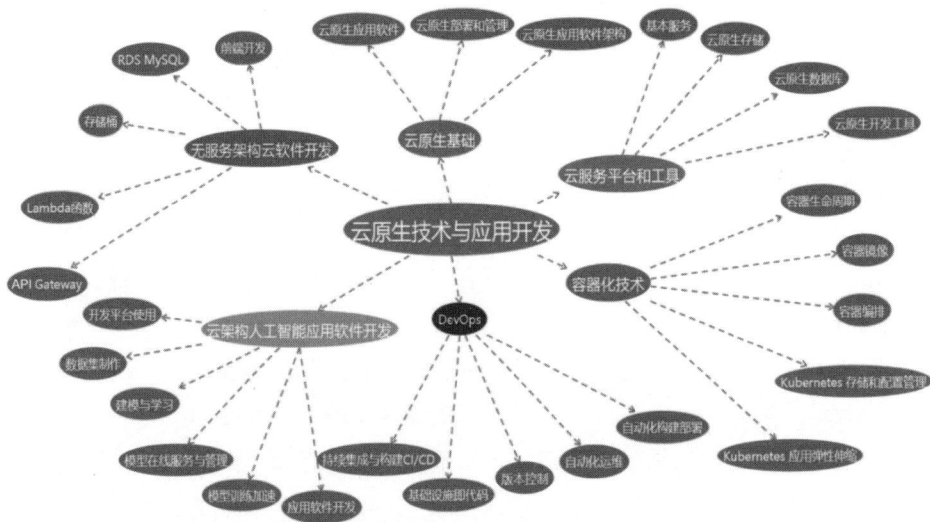

图2-2　教育部新一代信息技术领域"云原生技术与应用开发"课程模块与知识图谱示例

（二）模块化教学改革在专业课程体系设计方面的近期、中期及远期目标

1．近期目标：形成职业能力矩阵，进行模块化分解，开展工单式模块化教学实践

形成职业能力矩阵是模块化教学的重要基础。参照CBE模式，建立职业能力分析团队，并通过对不同职业领域的能力要求进行分析和总结，可以建立起一个完整的职业能力矩阵。职业能力矩阵可以明确各个职业岗位所需的核心能力和技能，依据泰勒原理为模块化教学提供可量化的、明确的目标和指导。教师可以根据职业能力矩阵设计和开发相应的模块化课程，确保教学内容与职业需求紧密匹配。

进行模块化分解是模块化教学的关键步骤。通过对课程内容进行分析和拆解，可以将整个课程划分为多个独立的模块。每个模块都具有明确的学习目标和教学内容，学生可以根据自己的需求和兴趣选择相应的模块进行学习。模块化分解有助于学生逐步掌握和提升各项技能，同时也为教师提供了更具灵活性和个性化的教学方式。

根据专业方向科学地划分模块，首先要确保专业建设契合区域产业的发展，下面以深圳信息职业技术大学计算机与软件学院的人才培养为例，展示2019—2023年"双高计划"建设期间专业和人才培养的动态调整。

2019年，本研究团队分析得出，软件产业链覆盖基础软件、应用软件、嵌入式软件和移动应用软件等产品。为契合区域软件产业发展，学院以龙头专业——软件技术为核心组建专业群对接产业链。软件技术专业主要面向应用软件，培养UI开发与设计、人工智能应用开发、软件系统开发、软件测试人才；嵌入式技术与应用专业主要面向嵌入式软件，培养智能终端开发人才；移动互联应用技术专业面向移动应用软件，培养智能终端的Android与iOS App开发人才；计算机信息管理专业和大数据技术与应用专业（新增）面向基础软件的应用，前者培养（云）数据库开发与设计人才，后者培养大数据运维与服务人才，以支撑人工智能应用开发和系统应用，如图2-3所示。

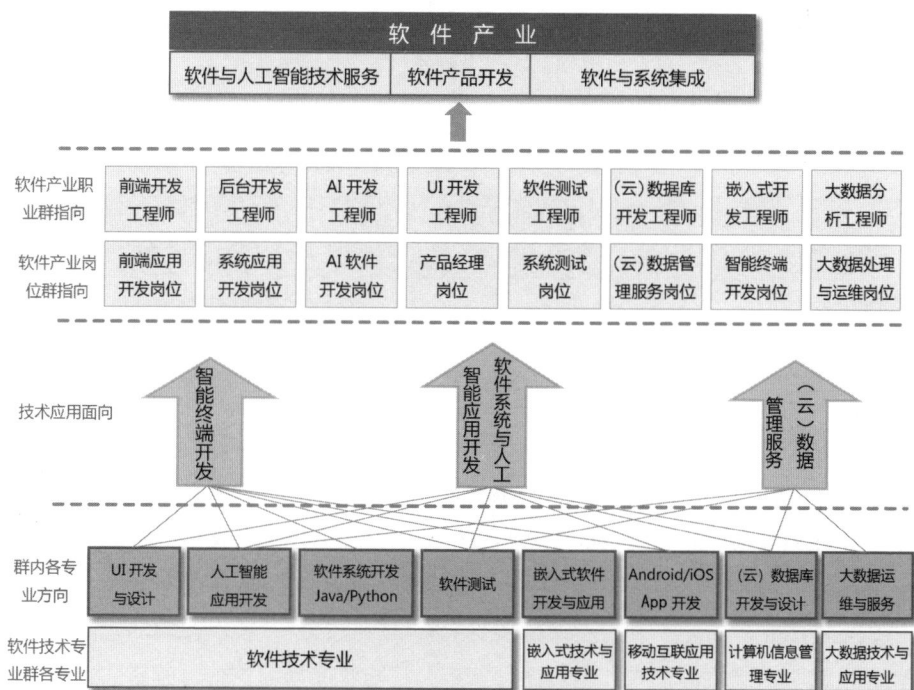

图2-3　软件技术专业群人才培养对接软件产业人才需求示意图

当前，以人工智能为代表的新一轮科技革命和产业变革如火如荼，对职业教育加强科教融汇、增强对新型工业化和新质生产力的适应性提出更高的要求。职业院校需要站在"数据成为核心生产要素、芯片成为国之重器、软件走向AI大模型应用"

的风口浪尖，乘势而为，新增人工智能、大数据等专业，调整扩展现实（Extended Reality，XR）开发与设计、工业互联网软件开发等专业方向，以适应产业技术的急剧变革，如图2-4所示。

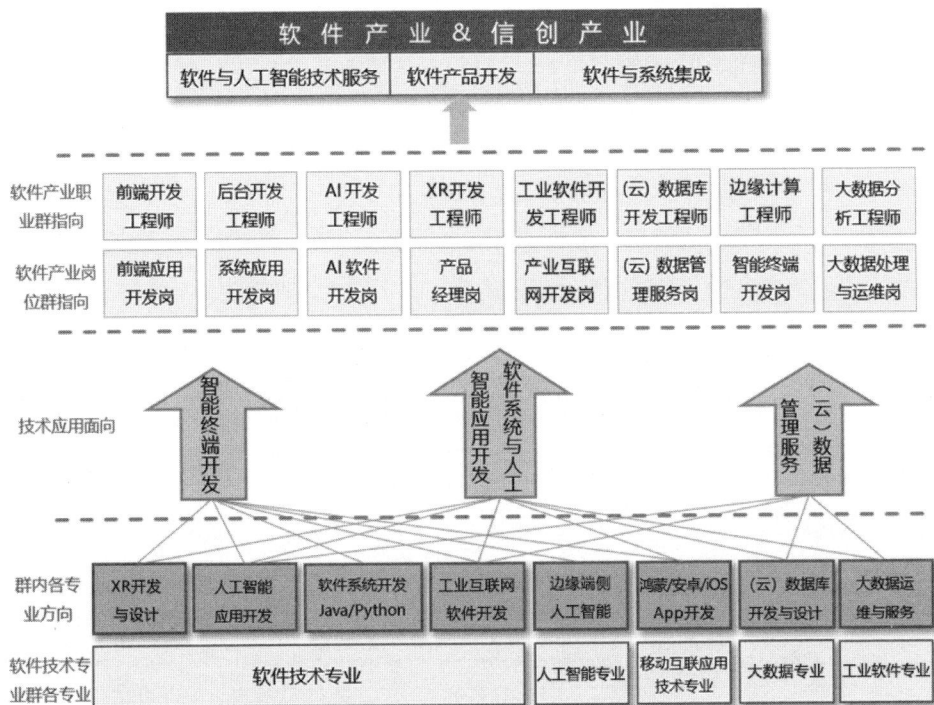

图2-4 软件技术专业群等相关信息的变化

本研究团队以头部企业需求为导向，构建智能终端开发、软件系统与人工智能应用开发、（云）数据管理服务三大培养方向，制定了以职业胜任力和职业发展潜力为要求的课程标准，并以岗位群满足职业能力培养相关标准对课程体系进行模块化重组，形成支持精细培养的教学体系。专兼教师协作打造多场景模块化教学团队，基于职业能力矩阵将生产项目转换为项目式教学场景；基于模块化教学，围绕产业链相关性较强的岗位群需求，重构课程体系，在职业能力培养全覆盖的基础上，形成科学合理、可复制、可推广的模块化教学模式。软件技术专业3个方向的课程体系建设如图2-5~图2-7所示。

[Java技术开发方向]

第六学期	岗位实习（毕业作品）

第五学期

大数据系统应用	SaaS应用开发

Web前端开发实战	微信小程序应用开发	DevOps敏捷开发

移动轻应用开发实战	云原生企业综合项目开发实训

跨平台移动应用开发

第四学期

前端框架开发实战	高并发应用开发技术

Android开发技术	云数据库管理	Hadoop大数据基础

云软件项目开发实训	微服务架构项目开发实训

数据结构与算法	云原生Java综合编程技术

第三学期

Linux操作系统应用	JavaScript开发技术

UI设计与开发	人工智能应用技术	数据库开发实战

"1+X" Web前端强化训练实践	Web项目开发实践

Web前端开发技术	轻量级云原生企业应用开发

第二学期

云原生Java Web程序设计

Java高级程序设计开发实战	HTML5开发实战	云计算基础

第一学期

数据库设计与实现	HTML5基础	程序设计基础

公共必修类：思想政治课、大学英语、体育……
公共拓展类：实用项目管理与策划、社交礼仪……

可持续发展平台课程

课程设置依据

软件技术专业（Java技术开发方向）岗位设置和职业能力分析

※专业+方向课程类型图例： 专业支撑课程 专业核心课程 集中实践课程 专业拓展课程

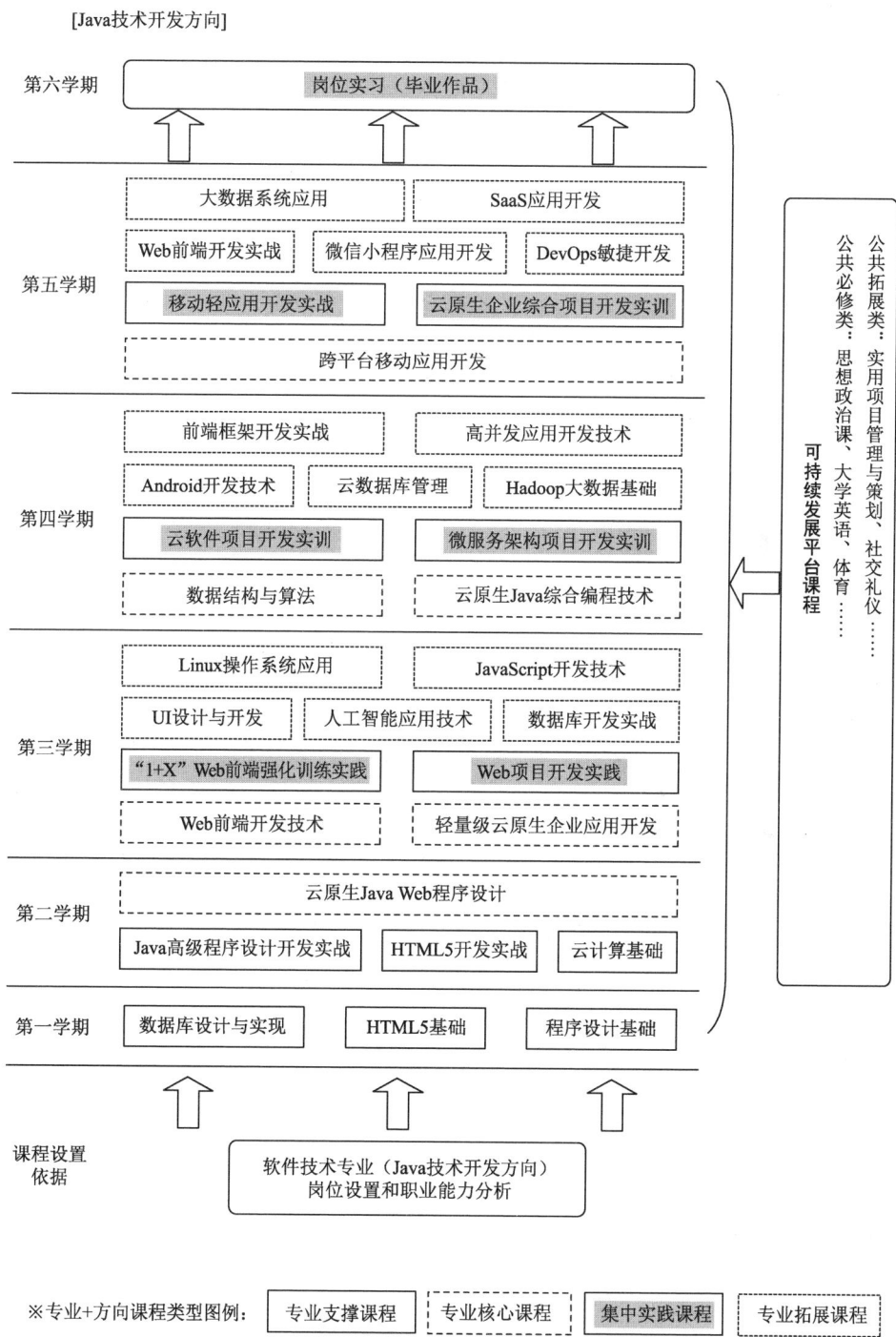

图2-5 软件技术专业（Java技术开发方向）课程体系建设

[Python技术开发方向]

第六学期　　　　岗位实习（毕业作品）

第五学期
- 云计算深度学习应用
- 新技术应用实践
- 数据库开发实战
- 软件工程
- 人工智能分布式计算应用
- 云开发人员强化训练实践
- 云平台AI项目开发实训
- 云软件企业综合项目开发实战

第四学期
- RPA技术与应用
- 高并发应用开发技术
- Hadoop大数据基础
- Python图像处理技术
- 软件测试实践
- AI应用项目开发实训
- 云开发从业人员强化训练实践
- 深度学习应用开发
- 分布式人工智能软件开发

第三学期
- 云数据库管理
- JavaEE应用开发技术
- 中小型Web项目开发实战
- UI设计与开发
- Python自动化测试
- 前端框架开发实战
- RPA项目实训
- 云应用项目开发实训
- Python数据分析技术
- 云软件开发与应用

第二学期
- 智能化数据爬取与可视化
- HTML5开发实战
- 云计算基础
- Python Web程序开发技术

第一学期
- 数据库设计与实现
- HTML5基础
- 程序设计基础

公共拓展类：实用项目管理与策划、社交礼仪……

公共必修类：思想政治课、大学英语、体育……

可持续发展平台课程

课程设置依据

软件技术专业（Python技术开发方向）岗位设置和职业能力分析

※专业+方向课程类型图例：　专业支撑课程　专业核心课程　集中实践课程　专业拓展课程

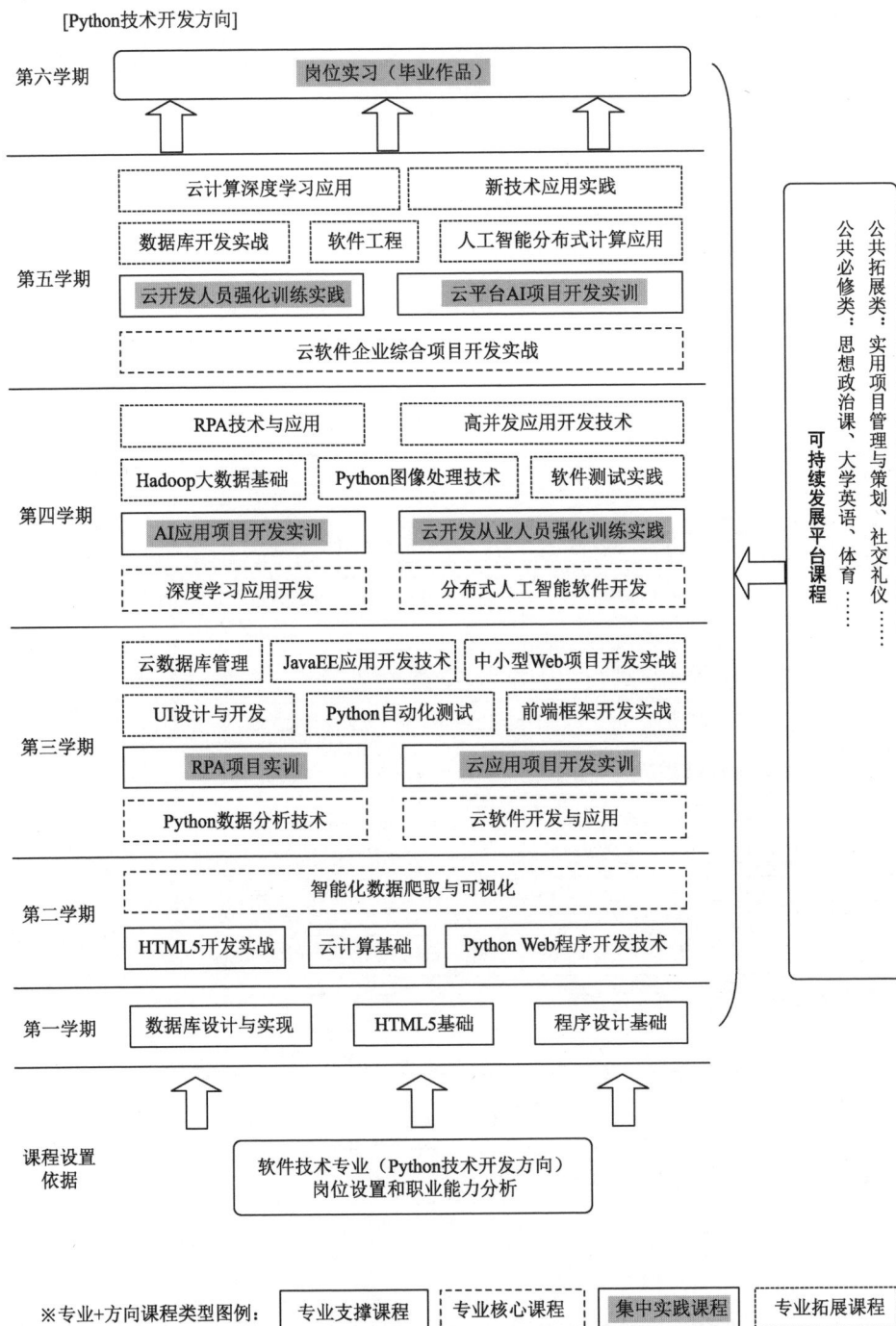

图2-6　软件技术专业（Python技术开发方向）课程体系建设

[工业软件应用开发方向]

第六学期	岗位实习（毕业作品）

第五学期	新技术应用实践　Linux操作系统应用　软件工程 工业软件应用开发综合实战I　工业软件应用开发综合实战II 工业大数据分析与可视化

第四学期	智能MES系统开发与应用　云工业软件应用开发 Web全栈开发实战　SaaS应用开发 数字现场工程师强化训练　云工业软件开发强化训练

第三学期	Web前端程序设计　ASP.NET Core MVC程序设计 软件测试实战　算法分析与设计 "1+X"Web前端强化训练实践　程序开发强化训练

第二学期	JavaScript程序设计　C#窗体程序设计　C#程序设计高级 云计算基础

第一学期	程序设计基础　HTML5基础　数据库设计与实现

可持续发展平台课程

公共拓展类：实用项目管理与策划、社交礼仪······

公共必修类：思想政治课、大学英语、体育······

课程设置依据　软件技术专业（工业软件应用开发方向）岗位设置和职业能力分析

※专业+方向课程类型图例：　专业支撑课程　专业核心课程　集中实践课程　专业拓展课程

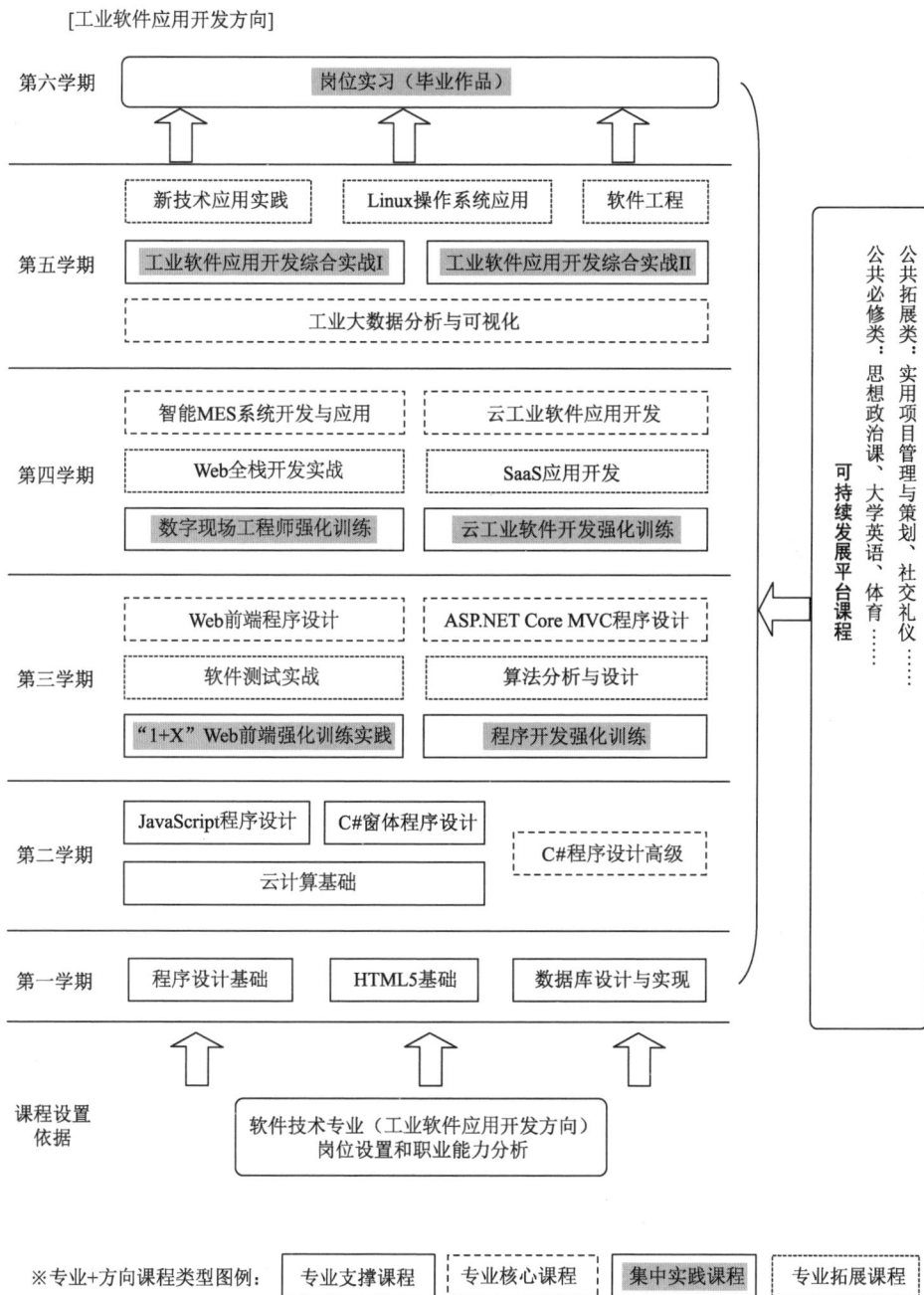

图2-7　软件技术专业（工业软件应用开发方向）课程体系建设

2．中期目标：形成专业知识和技能图谱，建设面向产业新技术的优质系列教学资源

基于软件产业与职业发展的需求生成课程体系建设目标、开发面向产业新技术的优质系列教学资源是模块化教学的重要任务。随着科技发展和产业变革，职业院校需要及时更新教学内容和资源，以适应产业新技术的需求。通过对专业领域的知识和技能进行全面梳理和总结，职业院校可以建立起一套完整的专业知识和技能图谱。这个图谱将明确各个专业所需的核心知识和技能，为模块化教学提供明确的目标和指导。

首先，我们要区分人才培养模式和人才培养机制。人才培养模式是指在人才培养过程中所采取的具体形式和路径，包括教育培养、实践锻炼、选拔任用等各个环节。人才培养机制则是指保证人才培养模式顺利实施和持续运转的制度安排，包括政策法规、组织管理、激励保障等方面。两者之间的关系：人才培养模式是目标导向，反映人才培养的具体方式和手段；人才培养机制是保障导向，确保人才培养模式能有效实施并不断优化完善；人才培养模式离不开相应的机制支撑，而人才培养机制的建立又要以特定的模式为基础；两者相互促进、相互制约，共同决定人才培养的效果和质量。

在人才培养体系中，我们强调实施"创新思维、工程实践、精细培养"高素质复合型数字现场工程师培养模式，校企共建专兼结合的教师团队，培养高水平"双师型"教师。关于专业群的建设方面，打造以"云智融合"为重点、工业软件为特色的课程体系。对接产业主流技术和区域发展需求，建设以云原生开发、AI和工业软件为主的多样化实践教学基地，以赛促学、以证助学、以研导学，高质量建设有粤港澳大湾区特色的一流高职（本科）专业，如图2-8所示。

例如，深圳信息职业技术大学计算机与软件学院在前期建设过程中通过聚焦腾讯、亚马逊、商汤、小米、百度等头部企业的典型工作岗位，深入分析岗位职业能力，对专业群内所有专业均实施以职业胜任力和职业发展潜力培养为要求的课程标准。校企双方共同构建职业化、活模块课程体系，完成新技术教学模块化重构，形成核心技能知识点和实训案例，形成模块化课程体系并更新6个新技术课程模块，对接"1+X"证书，实现课证融通。软件学院还以"微专业"动态组合新技术课程模块，驱动模块化教学改革和教学资源建设，提升人才培养与产业高端需求的匹配度，提高软件技术专业群学生的新技术岗位胜任力；面向云架构、AI和大数据等产业新业态，紧密对接头部企业，将产业链新职业岗位群技能要求和企业生产研发项目案例转化为教学要求和教学内容，如图2-9所示。

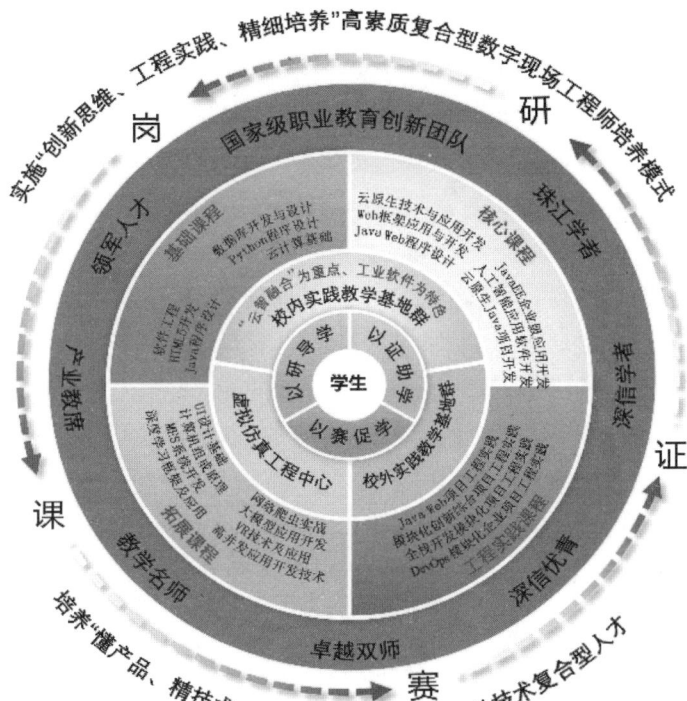

图2-8　创新复合型人才培养体系

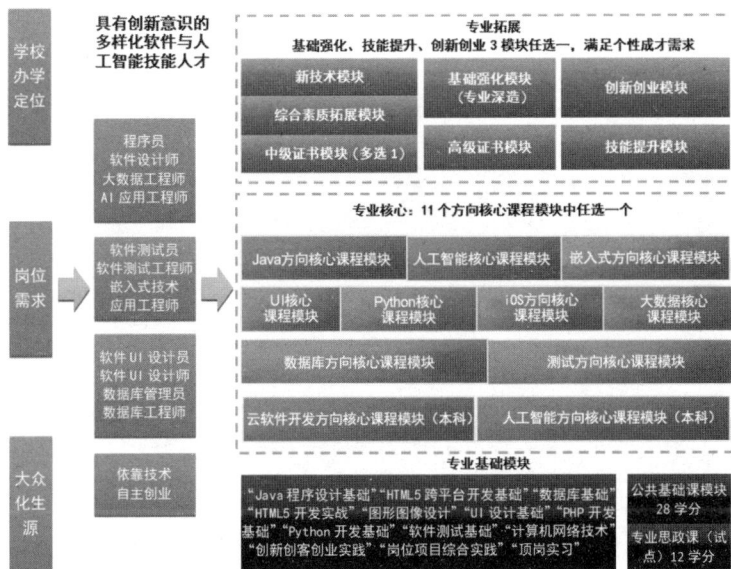

图2-9　"岗课赛证"融通的模块化教学体系

专业知识和技能图谱包含特定专业领域的核心知识点、概念和技能要求。通过对专业知识和技能的抽象和建模，专业知识和技能图谱可以有效地对专业群课程体系进行优化。即建设哪门课程不由教师主观决定，而是要从专业人才培养方向、人才职业能力补强，以及产业岗位需求出发，形成体系化的建设规划。在完成本次模块化教学改革实践中期目标的过程中，专业群建设工单式模块化实训项目指导48部，专业综合实训开展模块化教学课程106门。

依托"双高计划"高水平专业群，发挥粤港澳大湾区区位优势，本研究团队携手商汤、百度、腾讯和小米等头部企业共建数字化产教融合创新平台，打造新形态人工智能技术应用专业教学资源库（见图2-10）。该资源库涵盖专业教学所需的各种资源，实现全场景教学闭环，具有线上线下相结合的虚拟实验教学、AI资源库课程资源引用、直播课堂、作业考试、小组讨论等功能，可满足不同学科、不同课程的教学场景。新形态人工智能技术应用专业教学资源库的建设需要教师和专业领域的专家共同参与，不断更新和丰富其中的内容，最终建成契合产业发展的高水平专业教学资源库。

教师在模块化教学中应注重培养学生的实践能力，将专业知识和技能按照模块进行划分，形成独立的教学单元。基于知识图谱的支持，教师可在每个模块中建立起完备的知识体系，使学生更系统地学习和掌握相关内容。在模块化教学中，学生可以根据自己的兴趣和能力选择不同的模块进行学习，通过个性化学习目标的引导将所学知识运用到实际问题中，这种知行合一的教学方式有助于培养学生的解决问题的能力和创新思维。

图2-10 新形态人工智能技术应用专业教学资源库

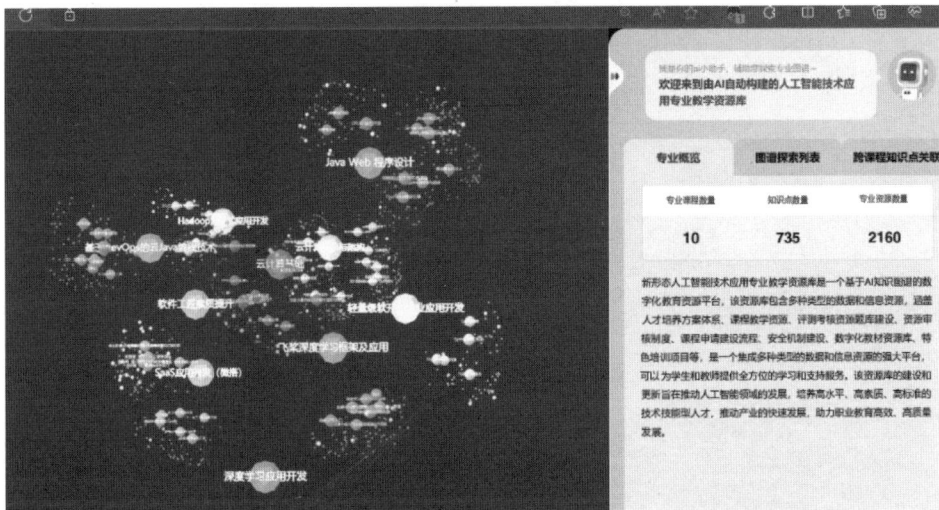

图2-10　新形态人工智能技术应用专业教学资源库（续）

专业教学资源库的建设主要围绕以下几个方面开展。

（1）课程知识图谱建设

①"四维"课程知识图谱建设模式

职业院校课程知识图谱建设包括4个维度：课程目标层、问题体系层、基础知识层和教学资源层，如图2-11所示。"四维"课程知识图谱建设模式有助于培养学生的思维能力和解决问题的能力。

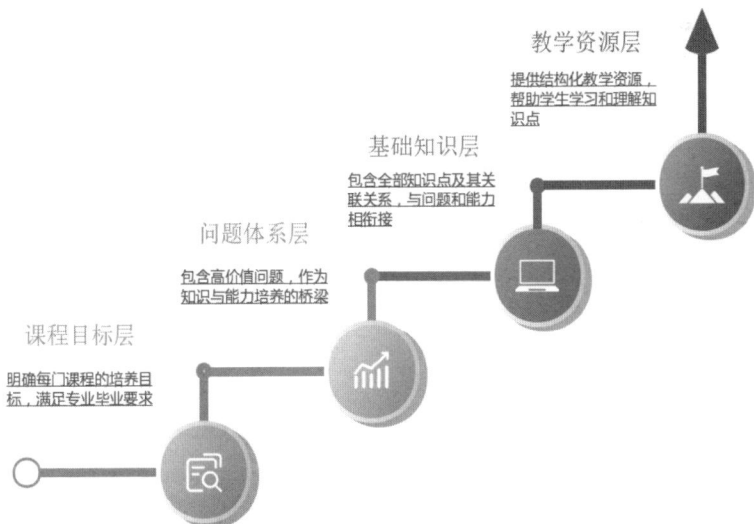

图2-11　"四维"课程知识图谱建设模式

② "八步"课程知识图谱建设流程

从图2-12可以看出，"八步"课程知识图谱建设流程包括：梳理课程概要、设计课程框架、提取课程地图、生成知识图谱、定义关系字典、整合教学资源、衔接问题能力、完善知识内容。

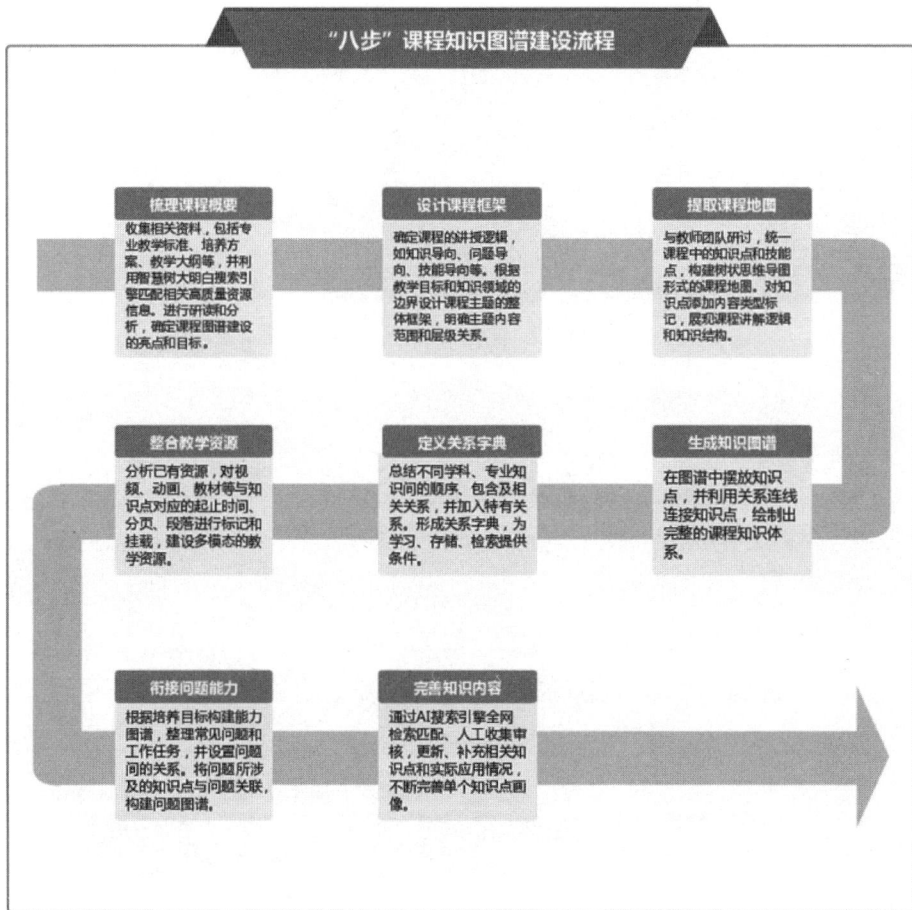

图2-12 "八步"课程知识图谱建设流程

（2）专业人才培养方案与知识、技能体系构建

① 专业知识图谱构建

专业知识图谱的构建包括制订人才培养方案，制作专业知识图谱、专业内课程拓扑图，明确课程目标和教学资源，如图2-13所示。

② 专业培养目标与专业毕业要求模型建设

本研究团队梳理本专业人才培养方案，生成可视化的人才培养体系矩阵图，详细了解本专业的人才培养方案相对应的指标,完成未来专业持续优化和改革的顶层设计。

图2-13 专业知识图谱构建

③ 课程能力体系与学生技能体系构建

知识图谱不是知识点的思维导图,而是以问题的逻辑关系为核心,与相应的知识体系和能力体系建立映射关系的可视化表征工具。各课程的知识内容也需要与专业培养目标和专业毕业要求进行结构化关联,建立其内在联系,如图2-14所示。

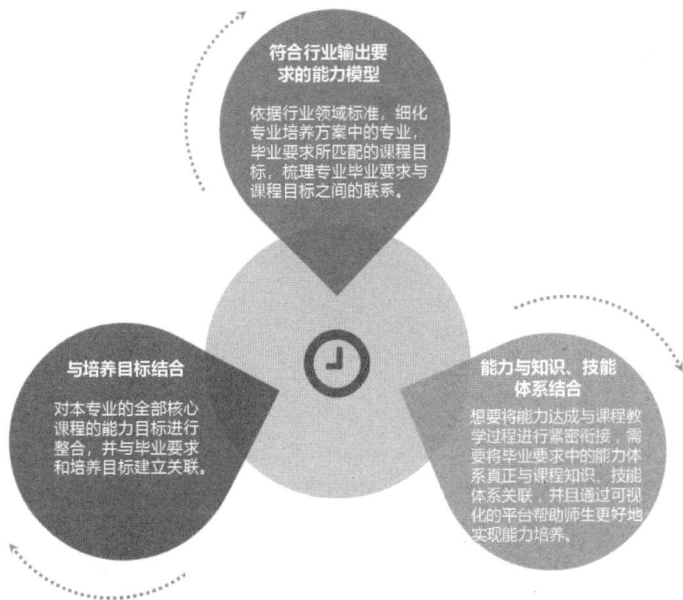

图2-14 课程能力体系与学生技能体系构建

④ 知识点关系与专业内课程交叉融合

专业知识图谱可视化系统可以具体、直观地呈现每门课程及不同课程之间的知识点的关系，通过知识点之间的关系开展对专业内容知识的探索，为学生提供知识点学习画像和学习路径，帮助学生开展个性化学习。

⑤ 基于知识图谱的资源库建设

通过知识图谱构建教学资源应用框架，资源库可实现集中化、结构化、数字化的专业资源建设。利用知识体系整合学校网络资源，实现资源利用最大化。基于专业图谱，共建、共享、共用专业内课程，以知识点为单位进行管理。使用AI智能推荐与算法，为相关资源提供更新服务，获取与本专业知识点和技能点相关的内容，进一步帮助教师组织教学资源、完善课程体系，实现因材施教。

⑥ 专业建设成果分析

本专业的建设成果可以通过可视化工具展示，包括专业建设概况、详细的建设成果、课程建设成果、图谱建设成果和教学资源建设成果。利用AI进行智能分析，基于知识图谱进行课程关联度和重合度分析，帮助专业群基于分析数据不断优化和调整课程内容。同时，针对单个知识点进行智能分析，对思政点与实践内容进行连接，展示课程思政建设和实践环节的效果，包括展示虚拟仿真等资源的使用效果。还可以从全局角度统计专业内所有课程知识点的资源建设情况。

（3）基于知识图谱的教学与评价

① 基于知识图谱的个性化学习

知识图谱是一种可视化的知识关系网络，兼容传统目录式和图谱式的学习方式。传统目录式学习基于图谱的结构展现知识，为初学者提供基础的学习路径，避免迷失方向。而图谱式学习通过多维形态呈现知识，从不同角度描绘知识的层级结构、相互关系、实践应用和顶层意义，帮助学习者全面掌握知识，了解学习目的和学科全貌。

② 基于知识图谱的智能搜索

建设完成的专业知识图谱，可实现对权威的知识点内容的智能搜索，系统会推荐关联的知识点、知识点学习路径、知识点画像和知识点详细信息及学习资源。此外，学生也可以通过视频课程类目标签查找到对应的视频课程列表，然后直接定位所要搜索的知识点，开始知识点的学习。

③ 基于过程性观测数据的因材施教

在建设过程中，结构化课程体系和职业能力矩阵以目标导向，结合学生反馈，帮助教师定位教学重难点和薄弱点，提升备课和教学的针对性。根据中、高级技能培养要求进一步丰富教学资源、智能匹配习题库，分析学习问题，优化学习方式、频次、路径，实现因材施教。

④ 基于岗位能力培养的学生技能达成度分析

本研究团队基于专业培养目标与毕业要求构建专业人才链，结合学生所学专业要求和行业标准建立学生职业能力画像。考虑行业发展趋势，学生知识与技能、经验，学习成果和职业目标，为其提供个性化的职业规划建议和岗位匹配。学生可依靠智能推荐和分析了解行业变化，调整学习计划和职业规划。

（4）合作出版系列教材，引领课程体系重构

围绕数字化教材建设，结合专业资源库课程体系建设，专业群联合头部企业研讨软件技术（见表2-1）与人工智能（见表2-2）系列教材开发计划，全面重构课程体系，为使用者提供一站式资源支持。

表 2-1　软件技术系列教材开发计划

课程类别	教材数量/本	教材名称
专业拓展课	3	DevOps敏捷开发 低代码应用开发项目实战 鸿蒙生态应用开发
专业核心课	9	云原生软件开发（高级） 高并发应用开发技术（高级） Web前端开发技术（高级） 分布式和微服务实战 Java EE企业级应用开发 企业级应用测试 云软件部署与运维 Java高级开发技术 Java Web程序开发实战
专业基础课	3	程序设计与AI辅助编程 数据库设计与实现 Web开发基础

表 2-2　人工智能系列教材开发计划

课程类别	教材数量/本	教材名称
专业拓展课	3	大模型场景接口开发及应用 Prompt工程应用技术 鸿蒙操作系统应用技术

续表

课程类别	教材数量/本	教材名称
专业核心课	9	边缘智能计算技术（高级） 飞桨深度学习框架及应用（高级） 大模型基础及应用开发（高级） 机器视觉与应用技术（突出工业领域） 智能终端应用开发（智能单品） 人工智能项目开发实践〔计算机视觉（CV）、自然语言处理（NLP）、语音技术（Speech）等案例〕 人工智能数据服务（采集、预处理、可视化等） 人工智能操作系统及应用（主体是Linux） 机器学习
专业基础课	3	Python与AI程序设计 数据库设计与实现 云服务与应用

开发计划中的教材通过院校（或教研室）之间的共研，基于AI知识图谱并结合模块化教学，可使资源库持续更新。同时会对外开展培训服务，提升教师教学水平，为学生提供更全面、系统化的学习体验。

3.远期目标：构建模块化结构教师队伍和基于匹配理论的模块化教学教师支持体系

聚焦对教师团队持续发挥引领和示范作用的需求，基于专业群人工智能和云软件开发特色，职业院校应构建团队的"1+2+3+4+5+N"模型，打造一支结构合理、高效发展的"云智融合"型教师团队。该模型中，"1"代表1个教师团队，强调整体观、全局观和系统性，突出自身特色，从顶层设计的高度统筹各方要素，协调各方资源，科学规划团队建设；"4"代表保障团队高效运作、行稳致远的"四个发展"理念，即抱团发展、协调发展、稳定发展和可持续发展；"2、3、5、N"则分别代表落实"四个发展"理念的具体内容，如图2-15所示。

"5"代表作为以"云智融合"为特色的国家"双高计划"高水平专业群教师团队，其组建需要充分考虑人工智能、软件技术等专业的具体情况，形成团队合力。"3"代表组成团队的教师除了专业课教师外，还必须包含公共课教师和有经验的兼职教师，且3种类型的教师应达到合适的比例。专业课教师和公共课教师在筑牢学生专业基础和素质拓展方面发挥重要作用，而兼职教师则在实践教学和实习指导方面发挥重要作用。促进3种类型的教师互融互促、协调发展是提升团队综合战斗力的重要保障。"2"代表教师团队在年龄和职称方面的2个"橄榄型"结构，即老教师、正高级职称教师和青年教师、中级及以下职称教师占少数，而中年教师、副高级职称教师占多数。和社会学中"橄榄型"社会结构铸就稳定性的理论类似，"橄榄型"结构的教师团队往往能高效、稳定发展。最后，"N"代表按照质量管理的PDCA循环模型对团队进行持续不断的优化与调整，保障团队的可持续发展。

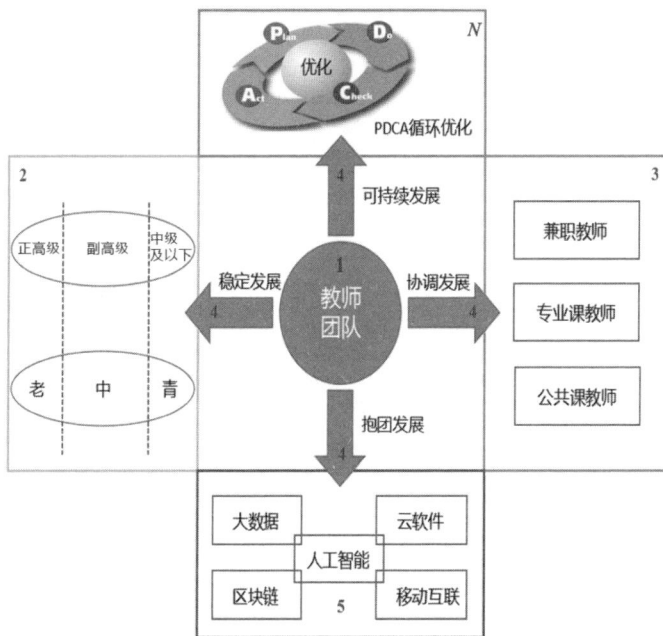

图2-15 "1+2+3+4+5+N"模型

契合不同层次、不同专长教师的个性化发展需求，我们提出基于3层网络模型的分层分类培养机制（见图2-16）。基于团队、院校两级共管模式，为更好地开展教师培养，在专业群建立教师发展分中心。依托教师发展分中心，设立院级"卓越工程师"人才培养项目，对标校级"深信优青""深信名师""深信学者""卓越双师""深信技能大师"等5个高层次人才培养项目，最终以培养出省级以上名师、学者，省级技术能手和省级兼职教师为目标。按照人才培养项目的难度依次构建院、校、省（含以上）3层培养路径，驱动青年教师、骨干教师、专业带头人和兼职教师根据自身优势分层发展、分方向发展，包括教学专长方向、科研专长方向、技术技能专长方向等。例如，骨干教师可以先申报院级"卓越工程师"人才培养项目，一个培养周期后或在培养周期内，其可以继续申报校级"深信名师"或"深信学者"人才培养项目，如果其进入了"深信名师"人才培养项目，则可继续向成为省级以上名师努力，即其在3层培养网络上的发展路径：骨干教师→卓越工程师→深信名师→省级以上名师。从该网络模型中可以看出，专业带头人可选择的发展路径最多，而青年教师可选择的发展路径较少。此外，已经立项较高层次（级别）人才培养项目的教师不可以再同级申请或者向下申请人才培养项目。对于3个层次的人才培养项目，学院或学校都会大力给予经费和资源支持，助力教师基于个人所长快速成长，促成教师各美其美、美美与共。

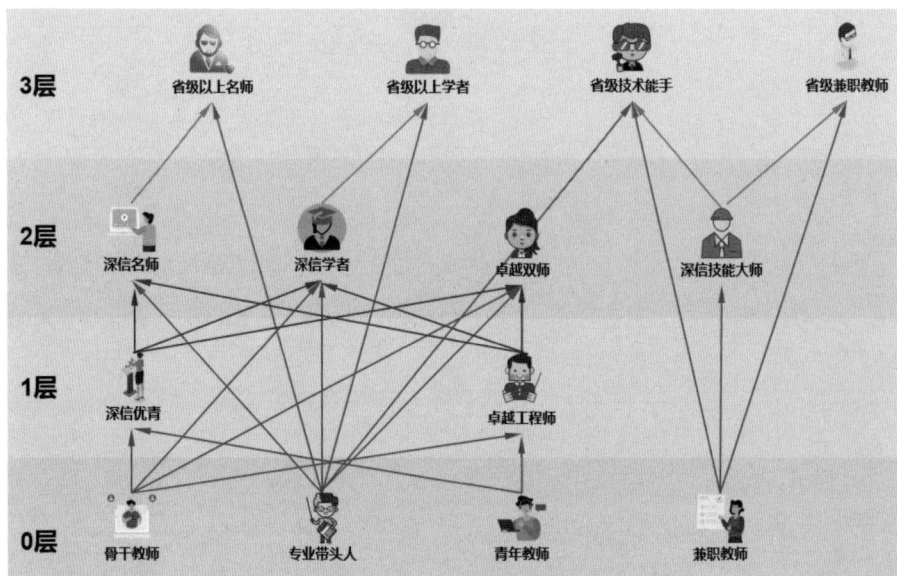

图2-16　基于3层网络模型的分层分类培养机制

培养适应教学变化的高成长型教师队伍，除建立和不断调整现有的团队机制外，还需要充分考虑教师与组织的匹配度，为教师发展提供充分支持，不断激发团队活力和创造力。个人-组织匹配一出现就被组织行为学界看作提高管理质量和管理水平的有效手段，在实证研究层面，对个人-组织匹配的研究以关系研究、比较研究为主。很多学者对个人-组织匹配和组织承诺、员工满意度、离职倾向、工作绩效等的关系都开展过大量研究，所取得的研究成果（见表2-3）证明，个人-组织匹配对组织承诺、员工满意度、离职倾向有较好的预测作用。

表2-3　个人-组织匹配主要研究成果

研究对象	学者	研究结果
组织承诺	Vancouver，Schmitt（1991）	个人-组织匹配与组织承诺正相关
	Michelle，Verquer（2003）	

续表

研究对象	学者	研究结果
员工满意度	Vancouver，Schmitt（1991）	个人–组织的目标匹配与员工满意度、组织承诺存在正相关
	龙立荣，赵慧娟（2009）	个人–组织的价值观匹配对员工满意度和离职倾向有明显预测作用
离职倾向	Cable，DeRue（2002）	个人–组织的价值观匹配能够有效降低职工离职率
	谭小宏（2012）	个人–组织的价值观匹配对员工满意度和离职倾向有明显的负向预测作用
工作绩效	Bretz，Judge（1994）	个人–组织的匹配程度对员工的工作晋升与薪酬水平都有一定程度的影响
	朱青松（2005）	以组织目标为导向的个人–组织匹配与组织绩效是正相关的
	Hoffman等（2006）	个人–组织的匹配程度与员工的任务绩效正相关

大多数研究者广泛地将个人–组织匹配定义为"个人与组织之间的兼容性（compatibility）"，但对于"兼容性"，不同的研究者有不同的说法。Kristof（1996）将个人–组织匹配定义为在以下3种情况下发生的个人–组织之间的兼容性（见图2-17）：至少一方能满足另一方的需求，或个人–组织共享相似的基本特征，或两者都具备。该定义认识到个人–组织匹配的多重概念，并允许其同时考虑一致性和互补性的观点。目前，研究者大多基于Kristof的这一定义对个人–组织匹配进行研究。

个人–组织匹配研究在管理学领域得到理论发展和实践运用，但在教育管理领域，相关研究比较少见。学校作为一个结构紧密的专业型组织，同时也是教师专业发展的归宿，是影响教师专业发展最主要的外部因素。虽然教师专业发展的出发点是教师自身，但其实施是建立在组织提供的平台和载体上的，组织的发展和教师的发展是相互对应、相互支持的过程，组织提供的专业发展支持条件只有同时满足教师和学校的需要，才能实现双方的目标。因此，本研究团队拟从个人–组织匹配角度出发，探索出一套支持教师专业发展的培训、激励、保障机制，确保模块化教学改革的可持续发展，如图2-18所示。

组织   个人

特征:
文化/气候   a 一致性匹配   特征:
价值观   人格
目标   价值观
规范   目标
态度

供应:
资源
  财政的
  物质的
  心理的
  机遇
    任务关系
    人际关系

供应:
资源
  时间
  努力
  组织承诺
  经验
知识、技能
和态度（KSAs）
  工作相关
  周边相关

要求:
资源
  时间
  努力
  组织承诺
  经验
知识、技能
和态度（KSAs）
  工作相关
  周边相关

要求:
资源
  财政的
  物质的
  心理的
  机遇
    任务关系
    人际关系

c 要求-能力匹配   b 需求-供给匹配

互补性匹配

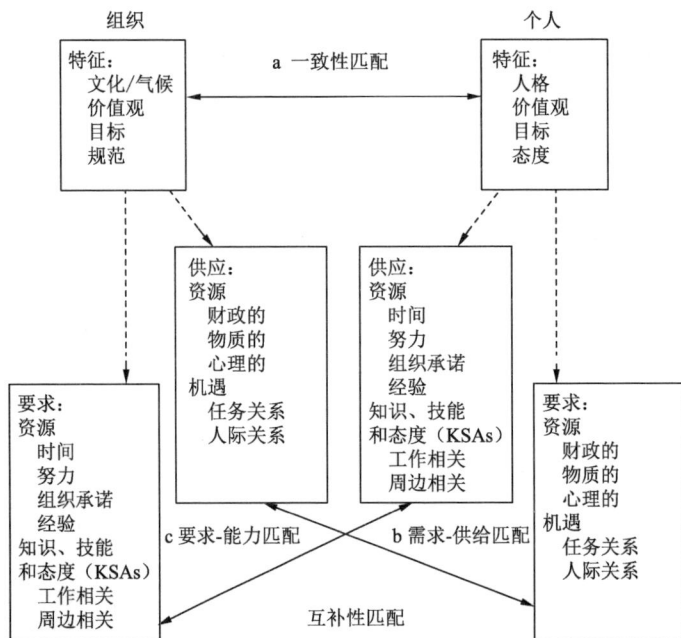

图2-17 Kristof的个人-组织匹配的整合模型

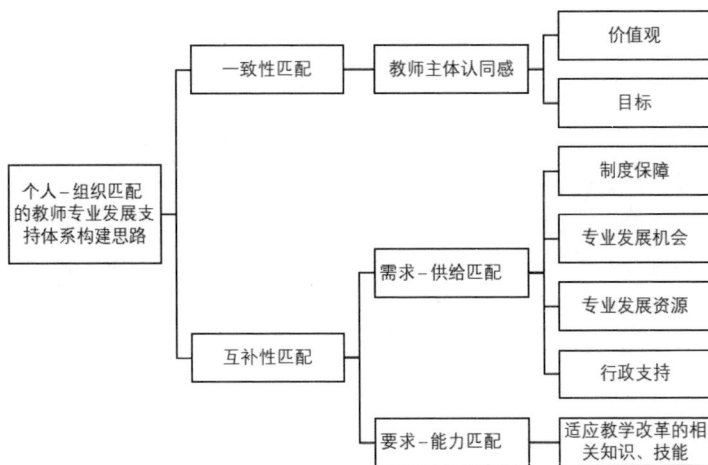

个人-组织匹配
的教师专业发展支
持体系构建思路

一致性匹配 —— 教师主体认同感 —— 价值观
                                    目标

互补性匹配
         需求-供给匹配 —— 制度保障
                                  专业发展机会
                                  专业发展资源
                                  行政支持

         要求-能力匹配 —— 适应教学改革的相关知识、技能

图2-18 个人-组织匹配的教师专业发展支持体系构建思路

三、结果导向的工单教学设计：从底层建构，整体改革，真正实现价值

通过职业能力分析可以建立较为完善的课程体系，但CBE课程在评估标准和灵活性方面还存在一定局限：CBE通常使用标准化的评估方法来衡量学生的能力，这可能导致有些学生觉得评估过于简单，而其他学生觉得评估过于困难；CBE通常按照预定的学习路径和时间表实施，这可能会限制学生的灵活性和自主性，因为有些学生需要更多的时间来掌握某些概念，而其他学生则希望加快学习进度。

结合信息类相关专业的教学特点，本研究团队尝试寻找高效、可复用的教学设计支撑模块化教学改革，以科学性和体系化支持教学团队适应改革进程。近年来，OBE模式在工程教育领域得到广泛实践。OBE的核心思想是将学生的学习成果作为教学的中心，以确保学生在学习过程中真正掌握和应用所学的知识和技能。OBE强调对学生的终身学习能力、问题解决能力、创新能力和合作能力的培养，以帮助学生适应不断变化的社会和职业需求。在OBE中，教学的设计和评估都围绕学生展开，如图3-1所示。教师明确教学目标和预期结果，为学生提供明确的学习指导和支持。学生的学习成果通过评估和反馈来衡量，以确保他们达到预期的学习目标。教学活动和资源应与学生的学习目标相匹配，以帮助学生实现预期的学习成果。OBE的优势包括增强学生的学习动机和参与感，培养学生的实际应用能力和解决问题的能力，以及提高教学的透明度和质量等。它也有助于培养学生的自主学习能力和批判性思维。同时，OBE十分注重对学生的学习成果的评估，但这种评估并非结果导向的评估，而是以成长型思维来看待学习成果，并以此规划下一步学习。

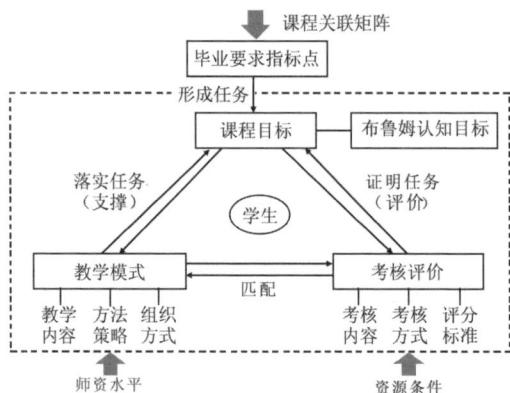

图3-1　OBE教学设计思路

在教学设计阶段，本研究团队尝试融入OBE教学设计思路，在以下几个方面充分发挥OBE的优势。

（1）设定明确的学习成果：根据职业能力要求设定不同等级的技能目标，引入相应的工单来匹配技能点，使学生明确学习目标，尽快掌握内容。

（2）灵活的学习路径：根据学生的技能掌握程度匹配不同等级的工单，根据学生的学习情况不断对学习材料进行调整。

（3）实践导向的评估：引入项目作业、实际应用案例、软件开发项目等过程性评估，以更好地评估学生在实际软件开发中的能力和技能。

（4）持续反馈和改进：以工单管理系统跟踪学生的即时学习情况，以AI学情分析系统持续跟踪学生的学习进展，构建学生职业能力画像，为学生的职业生涯打下坚实的技能基础。

（一）为什么选择工单

1. 以点带面，以工单连接专业群整体课程建设

模块化教学的核心理念是将课程划分为独立的模块，每个模块都有明确的学习目标和教学内容。这种教学模式注重能力分析和模块拆解，通过将课程内容拆解为多个模块，使学生能够逐步掌握和提升各项技能。同时，模块化教学也强调模块间的自由组合，这让学生可以根据自身需求和兴趣选择不同的模块进行学习，构建个性化的学习路径。

现有的模块化课程注重能力分析和模块拆解，但其仍作为技术学习的一部分，软件技术类专业更加强调技能递进与提升。在软件技术领域，学生需要通过系统性的学习和实践，逐步掌握从基础编程到高级开发的各个技能层次。这种技能递进的

学习过程不仅要求学生掌握每个模块的知识和技能，还要求学生能够将它们有机地结合起来，形成一个完整的技术体系。因此，模块化教学的目标是，通过逐步深入的学习，学生能够逐渐掌握和应用各个技术模块。例如，学生可以从基础的编程语言学习开始，逐步学习数据结构与算法、数据库设计、网络编程等模块，最终能够独立完成复杂的软件开发项目。这种技能递进的学习过程不仅有助于学生打下扎实的技术基础，还能够培养学生解决问题的能力和形成创新思维。

进行典型工作岗位分析，不能仅仅关注某个环节，还需要分析该岗位一个完整周期的工作。比如区块链工程技术人员主要从事区块链架构设计、底层技术开发、系统应用开发、系统测试、系统部署、运行维护等方面的工作。某区块链工程技术人员的一周工作记录如表3-1所示。

表 3-1 某区块链工程技术人员的一周工作记录

时间	工作内容				
	周一	周二	周三	周四	周五
9:00	项目组晨会，与产品经理沟通区块链平台需增加的业务功能需求	技术组晨会，讨论工作进度，汇报工作情况以及需要协调的事项	技术组晨会，讨论工作进度，汇报工作情况以及遇到的困难	技术组晨会，讨论工作进度，汇报完成的工作以及交付前遇到的问题	项目组晨会，汇报待交付功能的完成情况及还需跟踪的问题
10:00	在技术组内部讨论具体分工，并按任务进行排期，明确交付要求	进行业务代码开发，与产品经理确认开发设计中涉及用户需求的细节	进行业务代码开发，与产品经理确认功能实现中涉及用户需求的细节	与前端工程师进行前后端联调，解决联调中发现的问题	经产品经理确认功能符合要求后将业务代码部署到仿真系统运行
14:00	进行优化联盟链某消息广播功能点的技术可行性分析，设计技术方案	向产品经理及时反馈开发设计情况，并根据实际情况修订并改进设计	进行业务代码开发，在各个前后端模块间进行系统测试	将完成的业务代码交给测试工程师进行性能测试，编写用户使用手册	更新代码库，发布新版本代码，择机完成部署，编写用户培训手册
16:00	根据产品设计原型图与前端工程师讨论前后端操作的交互接口	与测试工程师沟通测试方案，包括功能和性能评测标准与具体指标	完成业务代码开发和功能自测，解决测试过程中发现的问题	解决测试工程师发现的问题，直到所有测试用例通过为止	总结开发过程中改进的内容，并形成工作报告

在实际工作中，区块链工程技术人员的主要工作职责如下。

（1）负责基于区块链的行业应用产品的设计和研发。

（2）研究区块链的协议、运行机制和底层实现等。

（3）搭建基于区块链的底层架构，能实现公链、侧链、私有链及构建多种逻辑，供应用层调度使用。

（4）根据业务需求，实现智能合约开发、部署、测试。

（5）根据业务履行智能合约及构建相关逻辑，供应用层调度使用。

（6）完成日常开发工作，解决开发中的技术问题。

根据有关部门颁布的区块链工程技术人员的国家职业技术技能标准，区块链工程技术人员应具备的专业能力和相关知识（初级）如表3-2所示。

表 3-2　区块链工程技术人员应具备的专业能力和相关知识（初级）

职业功能	工作内容	专业能力要求	相关知识要求
开发应用系统	开发智能合约	能使用程序语言和开发环境开发智能合约； 能使用开发环境测试智能合约	应用系统语言基础和开发环境概念； 智能合约编程方法
	开发功能模块	能使用软件开发框架实现人机交互界面功能； 能使用代码调用区块链底层系统软件开发包实现模块所需功能； 能使用代码调用智能合约实现模块所需功能	应用软件系统开发框架原理； 应用软件系统开发方法
测试系统	测试系统功能	能使用测试工具或测试方法测试系统功能； 能执行功能测试用例； 能撰写功能测试报告	操作系统基础和数据库基础概念； 软件测试基础概念； 缺陷管理方法； 功能测试报告规范
	测试系统接口	能使用工具测试接口； 能撰写接口测试报告	接口测试基础概念； 接口测试方法； 接口测试报告规范
	测试系统性能	能使用测试工具或测试方法测试系统性能； 能撰写性能测试报告	性能测试基础概念； 性能测试工具使用方法； 性能测试报告规范

续表

职业功能	工作内容	专业能力要求	相关知识要求
测试系统	测试系统安全	能使用工具进行静态安全扫描； 能使用工具进行动态安全扫描； 能使用工具进行漏洞扫描和渗透测试； 能使用工具进行数据层、网络层和应用层安全测试； 能使用工具进行共识层、合约层基础性测试	静态安全扫描测试方法； 动态安全扫描测试方法； 漏洞扫描和渗透测试方法； 数据层安全测试方法； 网络层安全测试方法； 共识层安全测试方法； 合约层安全测试方法； 应用层安全测试方法
运行维护系统	准备运行环境	能根据系统部署方案配置服务器； 能根据系统部署方案配置网络	计算机网络知识； 操作系统安装配置知识； 虚拟化知识
	部署和调试系统	能根据系统部署方案安装运行环境所需系统； 能根据系统部署方案连接部署节点； 能根据系统部署方案安装底层系统和应用系统； 能根据系统部署方案调试区块链系统	系统网络基础概念； 系统应用环境概念； 应用体系架构概念； 节点部署知识
	维护系统	能维护系统正常运行； 能执行系统升级任务； 能分析一般性系统异常问题； 能解决一般性系统异常问题； 能使用工具监控系统状态	系统运维方法； 软件维护方法； 监控平台和工具使用方法； 运维案例实践方法； 运维文档规范

　　综上所述，虽然现有的课程因为基于通用的技术平台可以自由组合，但是技术针对性不强，无法满足产业快速发展对数字现场工程师培养的需要。因此，本研究团队开始探索基于能力递进的模块化教学形式。在此过程中，研究者发现传统的大模块、大单元形式不适用于形成可操作的能力递进式模块化教学体系，因此选择以工单作为模块化教学的最小单元，每个工单的时间长度为两节课。以"'1+X'Web前端强化训练实践"课程（见表3-3～表3-5）为例，先对课程所涉及的技能进行分析，然后对技能的难度进行分解，最后面向不同的技能难度设计相应的工单，这样教师在教学时就可以根据学生的水平选取相应的工单，也可在学生达到对应的技能等级后选取更高一级的工单，层层递进，精准提升学生的技能。

表 3-3 "'1+X' Web 前端强化训练实践"课程技能分析表

综合技能	专项技能			
	1	2	3	4
静态网站搭建a	使用CSS设计网站页面样式a1	使用JavaScript开发网站交互效果页面a2	使用jQuery开发网站交互效果页面a3	使用Bootstrap前端框架开发网站页面a4
动态网站搭建b	使用PHP制作动态网页b1	根据RESTful API规范设计可用的API b2	使用Ajax创建动态网页b3	使用Laravel框架构建动态网站b4
移动端静态网站搭建c	使用CSS设计移动端页面样式c1	使用JavaScript开发移动端交互效果页面c2	使用jQuery开发移动端交互效果页面c3	使用Bootstrap前端框架开发移动端页面c4
移动端动态网站搭建d	使用MySQL数据库进行基本的数据管理工作d1	根据RESTful API规范设计移动端可用的API d2	使用Ajax创建动态移动端页面d3	使用Laravel框架构建动态移动端页面d4

表 3-4 "'1+X' Web 前端强化训练实践"课程技能分解表

编号	专项技能	描述	技能难度	覆盖的专项能力
a1	使用CSS设计网站页面样式	熟练使用CSS选择器	初级	A1
a2	使用JavaScript开发网站交互效果页面	熟练应用DOM和BOM	中级	A2
a3	使用jQuery开发网站交互效果页面	熟练应用jQuery库	中级	A3
a4	使用Bootstrap前端框架开发网站页面	熟练应用Bootstrap样式及组件	中级	A4
b1	使用PHP制作动态网页	熟练使用PHP搭建后端	初级	B1
b2	根据RESTful API规范设计可用的API	熟练应用RESTful API设计接口	中级	B2
b3	使用Ajax创建动态网页	熟练使用Ajax实现异步更新	中级	B3
b4	使用Laravel框架构建动态网站	熟练使用Laravel,实现前后端分离	中级	B4
c1	使用CSS设计移动端页面样式	熟练使用CSS选择器	初级	C1
c2	使用JavaScript开发移动端交互效果页面	熟练应用DOM	中级	C2

编号	专项技能	描述	技能难度	覆盖的专项能力
c3	使用jQuery开发移动端交互效果页面	熟练应用jQuery移动端技术	中级	C3
c4	使用Bootstrap前端框架开发移动端页面	熟练应用Bootstrap响应式组件	初级	C4
d1	使用MySQL数据库进行基本的数据管理工作	熟练使用MySQL指令	初级	D1
d2	根据RESTful API规范设计移动端可用的API	熟练应用RESTful API设计移动端接口	中级	D2
d3	使用Ajax 创建动态移动端页面	熟练使用Ajax实现移动端异步更新	中级	D3
d4	使用Laravel框架构建动态移动端页面	熟练使用Laravel框架搭建移动端的后台	中级	D4

表 3-5　实训工单与专项技能对应表

序号	实训工单	对应专项技能	技能难度
1	页面混合式（淘兴趣）	a1、a2	中级
2	兴趣管理、用户注册	a3	中级
3	用户登录、个人中心	c1	初级
4	趣点管理	b1	初级
5	搜索趣点、微博管理	b1、b2	中级
6	天气预报系统	a4、b1	中级
7	动态网页（阅读器）	b1	初级
8	Bootstrap开发页面（分类信息页面）	b1、b2	中级
9	Bootstrap开发页面（注册页面）	b3	中级
10	JavaScript开发交互效果页面	b1	初级
11	jQuery开发交互效果页面	b1、b3	中级
12	留言页面	b1、b2、c2	中级
13	Laravel框架构建动态网站	b4	中级
14	个人博客	d2	中级
15	在线答题	c3	中级
16	试题信息管理	b4、c3	中级

序号	实训工单	对应专项技能	技能难度
17	MySQL基本操作	c2、d1	中级
18	PHP制作动态网页	c4	初级
19	第一个PHP程序	b2、b3、c3	中级
20	购物车	b4、c2、d1	中级
21	完善购物车	b3、c3	中级
22	日期计算器	c2、c3、d1	中级
23	完善日期计算器	c2、c3	中级
24	学生成绩管理	c2	中级
25	在线投票系统	c2、d1	中级
26	视频列表	b3、c3	中级
27	小说网首页	d2、d4	中级
28	完善小说网首页	d3	中级

在不断对工单进行实验的过程中，本研究团队发现以工单为单位的模块化教学与传统的模块化教学相比，具有以下优越性。

（1）精准定位技能需求：通过对课程所涉及的技能进行分析，可以准确地确定学生需要掌握的技能范围。这有助于教师明确教学目标，确保教学内容与学生实际需求相匹配，避免教学过程中的盲目性和模糊性。

（2）渐进式学习：对技能难度进行分解，将整个学习过程分为多个阶段，逐步引导学生完成由基础阶段到高级阶段的学习。学生可以按照自己的学习进度和能力水平选择相应的工单进行学习，从而构建个性化的学习路径。这种渐进式的学习方式有助于学生逐步打下扎实的技能基础，并提高学习的效果和质量。

（3）个性化学习和教学：通过设计不同难度（初、中、高级）的工单，教师可以根据学生的水平和需求选择相应的工单进行教学。这种个性化的教学方式能更好地满足学生的学习需求，提高学生学习的积极性和主动性。对于一些典型项目，学生能参照模板做出来，就达到了锻炼初级技能的要求；学生能讲出实现逻辑，就达到了锻炼中级技能的要求；学生能改进并新增功能，就达到了锻炼高级技能的要求。教师也可以根据学生的学习情况和对技能的掌握程度，灵活调整教学策略和内容，提供更具有针对性的指导。

（4）提升学习动力和自信心：通过层层递进的学习过程，学生可以逐步提升技能，挑战更高级的工单。当学生成功完成一个难度较高的工单时，会获得成就感并提升自信心，增加学习的动力和兴趣。这种递进式的学习方式可以帮助学生建立积极的学习心态，培养解决问题的能力和自主学习的能力。

2．打通"堵点"，打破教学改革中的"加法逻辑"

"加法逻辑"是指在实施过程中不断增加新的措施、政策或方法，以期改进实施效果。这种逻辑认为，增加新的要素可以解决教育中的问题，从而推动教学改革。然而，研究者在多年的教学改革实践中意识到，在实施过程中遇到漏洞和问题时，不断增加措施以尝试修补的方式可能在最初有一定成效，但长此以往，随着措施的不断叠加，整个体系会变得非常烦琐，原本的创新措施也成为阻碍教学改革的一个个"堵点"，导致师生疲于应付种种规则而无法投入教学实践中，实施成效会受到影响。很多新型的教学实践就在这种不断增加的修补措施和重重问题下不了了之。

当教育体系变得过于刻板和规范化时，教师和学生的创新性会受到束缚，师生需要花费更多的时间和精力来遵守和执行这些规则，无法尝试新的教学方法和实践。或许比起不断修修补补地"做加法"，我们更应该"做减法"——在实施过程中不断优化体系，保证体系运转得有序高效，这样，师生才能在实践中最大限度地发挥模块化教学的作用，切实体会到教学改革的好处。这种"减法逻辑"并不意味着完全取消或忽视必要的规则和要求，它强调的是去除冗余和烦琐的要素，使教育体系更加简洁和高效，而不是简单地削减关键的教学要素。"less is more"（少即是多）在教学改革中强调精简教育体系，以提高教学效率和质量。

3．打破职业"天花板"，实现职业教育人才培养目标

当前职业教育的人才培养对象与刻板印象中的"差生"已经有了较大的差异：随着越来越多家长和学生认可职业教育，一大批品学兼优的学生选择加入职业院校。以深圳信息职业技术大学计算机与软件学院为例，2021—2023年录取的普通高考市外考生中，其录取分数全部超过当年的本科线30分，部分优势专业录取分数超过本科线40分。

"风物长宜放眼量。"职业院校应及时更新人才培养目标，在人才培养过程中不断提升学生的技能水平，同时通过课程思政等方式提升学生在文化和精神方面的素养，使学生德技并修，全面提高学生的综合素质，发挥职业教育的优势，帮助职业院校学生不断打破就业"天花板"，擦亮"基础厚、技术技能强"的鲜明底色。因此，研究者对模块化教学进行深入研究，希望在丰富的模块化教学实践中总结经验，不断地在实践中"做减法"，以工单作为最基本的技能训练单位，在课程设计、教学实施、教学评价等方面进行精细化管理，形成高效的技能培养体系。

工单式模块化教学致力于解决以下问题。

（1）能力培养与岗位需求不一致的问题。本研究团队从职业能力分解和专项技能递进的角度进行精细化技能模块分解，协调专兼教师进行细粒度模块的动态组合优化教学，明确专项技能和职业技能的关系，以工单连接各专项技能，以模块化教学全面覆盖专业的核心技能与核心课程。

（2）"双师"团队能力提升问题。利用工单分解各项技能后，企业教师可以以其本职工作角色设计和讲授对应的工单内容，这些一线从业者对工单的持续更新将有效保证工单的实效性。职业院校应通过制度保障，形成老带新、名师带骨干、企业专家与专业带头人合作的合力育人局面。

（3）模块化教学资源规划与优化的问题。职业院校与企业深度合作，由校内专任教师和企业指导教师组成的课程团队共同完成实训课程的设计与实施、岗位技能分析和技能模块划分，将生产项目转换为多个教学场景并设计工单内容，在课堂教学中实施以教学模块为单位的协同讲授、共同评价。

4. 围绕专业群探索课程思政：德技并修

教师作为育人者，应以专业知识为载体开展思政育人工作，将育人工作贯穿教育教学的全过程。如何在专业课程中真正实现课程思政是当前教育领域探索的热点。模块化教学基于多模块的拆分与重构，又注重以项目式授课为主导，为思政元素与专业知识的结合提供了广阔的空间。在进行专业课程思政建设时，结合行业人才培养需求和职业教育学生特点，对学生需要的通识素养进行分析，参考中国学生发展核心素养，结合工单式模块化教学改革实践中使用的职业能力分析模型，从德、智、体、美、劳、创6个方面对学生需要具备的综合素养进行拆解，建立素质拓展（赋能课程）职业发展潜力分析模型。并赋予一定的评价标准，使得隐性课程的评价体系可视化，为专业课程设置课程目标提供参考依据，帮助教师充分挖掘专业课程中蕴含的思政资源，提升教师的思政教育能力和教育意识，在专业课程中有效落实立德树人的根本目标。

工单式的分工协作与模块化教学紧密贴合产业链中关联度高的职业岗位群的需求，创新构建"基础知识+平台知识+拓展知识"课程体系，在确保职业能力培养的基础上，发展出了一套系统科学、易于实施且具有广泛适用性的模块化教学方法和模式。

这套方法和模式重新定义了教学内容和结构，使之更加贴近实际工作场景，不仅增强了学生的实践能力和就业竞争力，而且由于其具有灵活和标准化的特点，可以被其他教育机构借鉴和采纳，促进了职业教育的现代化和效率提升。

5. 模块化教学：构建适应未来产业的教学体系，用明天的技术培养今天的人才

模块化教学改革投入大、建设时间长，如果建设方向没有很好地对接产业技术发展方向，学生毕业后就业时就会发现学过的技术已经被淘汰，那相关的资源建设

投入自然也就沉没了。在信息技术领域，各种技术日新月异。我们有必要明确，未来产业是指引领重大变革的颠覆性技术及其新产品、新业态所形成的产业。《中华人民共和国国民经济和社会发展第十四个五年规划和2035年远景目标纲要》提出："在类脑智能、量子信息、基因技术、未来网络、深海空天开发、氢能与储能等前沿科技和产业变革领域，组织实施未来产业孵化与加速计划，谋划布局一批未来产业。"这些产业当前尚处于孕育孵化阶段，但具有高成长性、战略性、先导性等显著特征，有望形成新质生产力并驱动经济社会高质量发展。

科技创新，标准先行。谁把握住了标准，往往就赢得了技术研发和市场开拓的主动权。20世纪90年代末起，发达国家就把标准定位为提高自主创新能力和核心竞争力的战略手段之一，竭力将自己的标准确定为国际标准，以争夺国际贸易主导权，占领国际竞争制高点。

2023年，工业和信息化部等四部门印发了《新产业标准化领航工程实施方案（2023—2035年）》，明确提出"聚焦基础软件领域，研制工业、桌面、服务器、智能终端、嵌入式等操作系统标准，中间件标准，集中式事务、分布式事务、分析型、混合事务分析处理、图数据库等数据库标准，以及流式、版式、浏览器等办公软件标准。聚焦工业软件领域，研制分类、术语、命名规范等基础标准，制修订工业软件数据模型、行业应用、质量测评等标准。聚焦应用软件领域，研制数据模型和接口、系统互操作性、软件架构开放性、应用编程接口、典型场景、价值和质量评估等标准。研制开源术语、许可证、互联互通、项目成熟度、社区运营治理，以及开源软件供应链管理等标准"。

标准化在推进新产业发展中发挥着基础性、引领性作用。因此，教学团队在专业建设中若能实时了解技术标准的发展，就能敏锐把握战略性新兴产业技术发展方向。教学团队如果能够直接参与标准化工作，就会发现标准不同于专利，标准是开放的，希望更多的企业参与，参与企业在标准建设过程中通过讨论，能够形成"1+1>2"的效果。因此，在模块化教学建设中，教学团队要在工单的指导书、技能目标等描述中紧密跟踪相关领域的标准化建设工作。因为工单粒度小，日常的"微改进"通过日积月累也能够产生显著的效果。同时教学团队还应积极参与标准化建设，以更好地促进"产教孪生"共同发展，引领职业教育中的新技术人才培养。

（二）工单的具体实施逻辑：职业能力拆解—模块化课程建设—师资团队建设—学生画像建设

近年来，围绕模块化教学模式进行的课程和相关教学建设成果在职业院校中涌现。深圳信息职业技术大学计算机与软件学院在与世界500强企业的校企合作人才培养中，不断将AI、云计算、大数据、区块链、AR/VR等新技术引入人才培养方案。本研究团队于2016年开始进行多场景的教师分工协作模块化教学改革探索：针对学生就业，加强情景式教学、现场教学的综合应用，在对2015级学生与2016级学生的教学中，持续推进专兼教师基于多场景的模块化的"岗位项目综合实践课程"教学改革，实现教师/企业人员根据各自的角色进行混合式授课，并探索在一门课程中针对不同的学生分别实现其能力与课程模块的优化匹配；围绕AI领军企业典型工作岗位的核心技能，如智能搜索、智能识别、智能推荐等，进行全方位协同合作，实施基础课程的项目化教学、核心课程的情景式教学、实训课程的工作过程导向教学，有效提升学生的职业素养、可持续发展能力和岗位适应能力；通过工单式教学探索课堂教学与职业岗位需求的无缝对接、全覆盖，有针对性地强化对生产一线岗位所需技能的培养，同时以工单为评教单元，确保教学质量监控无漏项。2019—2021学年，深圳信息职业技术大学计算机与软件学院在实践课程中推行工单式教学，投入使用500多个模块、22本工单式模块化实训项目指导书，有效提升了技能覆盖度，改善了核心技能的训练情况，显著提高了实践课程的教学质量和教学效果。

1. 基于AI职业能力分析模型的标准建设方法

本研究团队根据专业特点采用DACUM课程开发方法，结合欧盟电子能力框架（e-Competence Framework，e-CF）和国家信息技术服务标准（Information Techonlogy Service Standards，ITSS）人员能力模型中的要素，参考《悉尼协议》，对AI应用开发专业的职业能力结构进行调研，依据职业岗位分析典型职业活动、工作任务及创新需求，并在此基础上分析出相应的能力体系，将企业的需求和教育的二元目标相融合，实现因材施教、精细培养。校企联合制定专业教学标准及实训条件标准，持续重构以学生为中心的工单式实训课程体系，以人才的分层递进式培养支撑分工协作的模块化教学。

职业分析的目的是对相应职业（岗位）从业人员的职业能力要求进行分析。职业能力是一个结构完整、内涵丰富的概念。所谓结构完整，是指职业能力往往呈现分层结构；所谓内涵丰富，是指在每一个层面上都有具体、明确的内容。图3-2所示是职业能力的层次结构示意图。一般而言，职业能力是胜任职业（岗位）所需要的工作技能，通常由一系列的综合能力构成；进一步（自顶向下）分解，每一项综合能力通常又可以表述为一组专项能力（以综合能力B举例）。

三、结果导向的工单教学设计：从底层建构，整体改革，真正实现价值

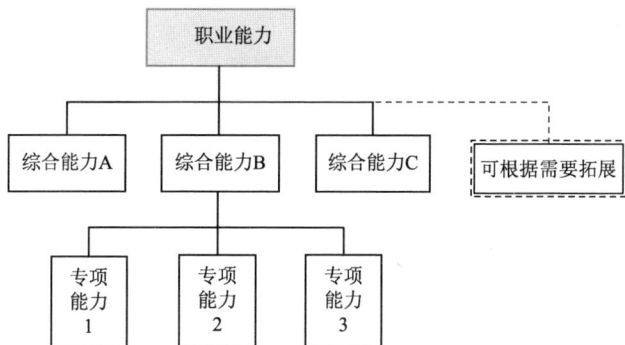

图3-2 职业能力的层次结构示意图

软件技术专业主要面向人工智能应用系统开发、前端开发、（云）数据库开发、大数据处理与分析、智能终端开发、移动端智能App开发等生产过程中的岗位，培养的是高素质技术技能型人才。本研究团队制订了AI应用开发专业职业能力分析表（见表3-6），并形成了AI应用开发核心职业能力模块化分析模型（见图3-3）。

表 3-6 AI 应用开发专业职业能力分析表

综合能力	专项能力				
	1	2	3	4	5
搭建AI计算环境A	使用 Linux A1	配置虚拟化环境A2	安装AI软件包A3	配置GPU A4	使用云计算平台A5
设计模型B	需求分析B1	体验分析B2	数据采集B3	数据标注B4	编写模型设计报告B5
分析获取的数据并进行可视化处理C	理解数据形式化表达C1	编写调试程序C2	使用数据处理工具生成数据集C3	使用数据分析工具C4	使用数据可视化工具进行表达C5
机器学习框架D	数据导入D1	搭建学习模型D2	训练数据集D3	评估学习模型D4	使用模型进行预测D5
应用深度学习模型E	使用非监督学习模型E1	使用监督学习模型E2	深度学习网络搭建E3	根据应用优化模型E4	应用分布式计算提升网络运算速度E5
应用部署验证F	实现部署安装环境F1	记录验证过程中系统出现的问题F2	调试程序环境跟踪问题F3	编写用户使用手册F4	撰写验证报告F5

57

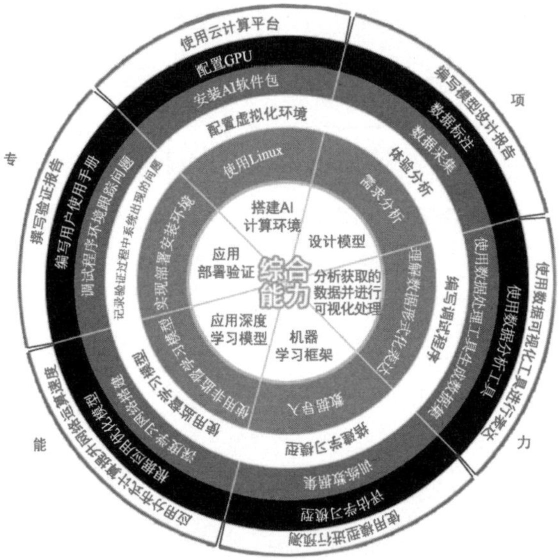

图3-3　AI应用开发核心职业能力模块化分析模型

开发职业能力分析表的主要任务包括：

● 列举全部的综合能力；

● 针对某一项综合能力，给出其所涉及的所有专项能力的定义。

职业能力分析表主要内容如下。

（1）综合能力栏

职业能力分析表的最左侧一列为综合能力栏。某个职业（岗位）由多少项综合能力组成，要视具体职业（岗位）而定。

（2）专项能力栏

每一项综合能力所涉及的一组专项能力（数量从几项到几十项不等）可自左向右排列。

① 专项能力的特征

a. 每项专项能力必须有明确的起点和终点。

b. 每项专项能力通常由多个步骤构成。

c. 每项专项能力均为一项可以观察和测量的行为。

d. 每项专项能力均能够产生产品、服务和决策之类的成果。

e. 每项专项能力必须能在短期内独立完成。

② 专项能力的表述

专项能力的表述要求采取"动词+对象"的格式，通常不超过10个字。例如"编写与整理文档""选择和使用电工仪表""采集音频与视频信号"等。

专项能力的表述必须明确，必须能反映出职业的职责或实际要做的事情和任务，并且必须使用行业能接受的术语。

为了使专项能力的表述准确，在表述专项能力时不能使用"知道""了解""懂得""熟悉"之类的动词，否则，专项能力的表述就是非常模糊的。在表述专业能力时通常采用以下动词。

a. 操作类动词：操作、采集、配置、标定、使用、挑选等。

b. 程序类动词：排序、连接、制造、调整、准备、安装等。

c. 理会类动词：理会、阅读、摘录、寻找等。

d. 解决问题类动词：计划、设计、排除、估算、计算、选择、布置等。

e. 管理组织类动词：组织、管理、指导、协调、监控等。

③ 专项能力的归类、排序与编号

对于某一项综合能力，其对应的专项能力可能很多，往往显得非常杂乱，因此，有必要对专项能力进行归类和排序。排序的基本原则如下。

a. 从简单专项能力到复杂专项能力。

b. 从认知型专项能力到操作型专项能力。

c. 从理解型专项能力到应用型专项能力。

在归类和排序时，还应考虑该专项能力出现的频度。例如，在实际工作岗位上，某专项能力是每天出现，还是每周出现或每月出现？如果是每天出现，那么每天出现多少次？使用频率越高的专项能力应当排在越靠前的位置。

最后，对归类和排序后的专项能力进行编号，编号规则如表3-6所示。

④ 专项能力的分级

一般而言，专项能力的定义较为抽象，仅仅依据专项能力的定义是难以进行课程开发的。因此，对于具体的专项能力，必须进行更加深入的解析。专项能力解析的主要内容如下。

a. 步骤解析。每一项专项能力都是一个完整的过程，有起点和终点，有具体的工作步骤。

b. 工具与设备准备。列出完成该专项能力所需的工具、材料、设备等。

c. 知识准备。指出完成该专项能力所需的相关知识，如数学、语言、社会、历史知识，以及专业基础知识等。

d. 素质要求。提出完成该专项能力所需的思想品德、工作态度、个人管理、团队工作、安全意识等方面的素质要求。

e. 考核标准。明确提出具体的、直观的、易测的考核标准，且该标准应与行业内的标准相一致。

需要特别指出的是，由于职业能力分析表中的专项能力的定义较为抽象，因此，在教学分析阶段，还必须对每一项技能的掌握程度加以评估，并确定其具体等级。一般建议采用"四等级法"进行评估，如表3-7所示。

表 3-7　专项能力分级

级别	专项能力
4	能熟练运用该项技能，并能够指导他人
	能熟练运用该项技能，并能针对特殊情况采取应变措施
	能熟练运用该项技能
3	能够不依赖他人的指导和帮助，独立地运用该项技能
2	能在他人定期指导下运用该项技能
1	通常只能部分运用该项技能，在他人帮助下才能完整运用该项技能

不同人员对技能的掌握程度是大不相同的，如图3-4所示。

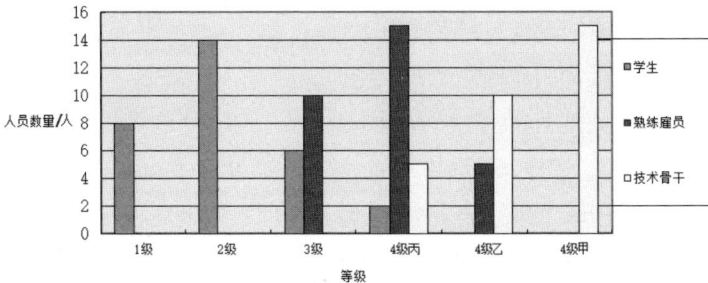

图3-4　不同人员的技能掌握程度

本研究团队对AI应用开发专业职业能力分析表中各专项能力进行分析，建立了一套完整的职业能力分析体系。在此展示部分示例（见表3-8和表3-9），完整的专项能力解析表于第七部分列出，供各位读者参考。

表 3-8　专项能力解析示例1

能力目标	使用Linux	编号	A1
具体描述	子能力分析：1. Linux操作系统安装能力 2. Linux操作系统维护能力 3. Linux软件安装、升级、卸载能力 4. Linux操作系统编程能力 5. 解决Linux操作系统常见问题的能力		

能力目标	使用Linux	编号	A1
步骤	1. 安装Linux操作系统		
	2. 维护Linux操作系统的日常运行		
	3. 安装、升级、卸载Linux软件		
	4. 对Linux操作系统进行编程，自动化运维系统		
	5. 解决常见的Linux服务器问题，保证服务器正常运行		
工具与设备	1. Linux服务器		
	2. 互联网环境		
知识基础	1. Linux操作系统安装、维护知识		
	2. Linux软件安装原理		
素质	1. 认真、严谨、细致、有责任心		
	2. 具备团队精神与合作意识		
	3. 自学能力强		
考核标准	1. 能够熟练完成Linux操作系统的安装与配置		
	2. 能够解决Linux操作系统的常见问题		

表 3-9　专项能力解析示例 2

能力目标	配置虚拟化环境	编号	A2
具体描述	子能力分析：1. 虚拟化软件安装能力 2. 虚拟系统安装能力 3. 设置网络的能力 4. 配置所需软件的能力		
步骤	1. 在系统上安装虚拟化软件，软件能够正常使用		
	2. 在虚拟化环境中安装所需的操作系统		
	3. 设置虚拟化环境的网络		
	4. 解决常见的系统和网络问题		
	5. 在虚拟化环境中安装、配置所需软件		
工具与设备	1. Linux服务器		
	2. 互联网环境		
	3. 虚拟化软件		
知识基础	1. Linux操作系统安装、维护知识		
	2. Linux软件安装原理		
	3. 虚拟机使用		

续表

能力目标	配置虚拟化环境	编号	A2
素质	1. 认真、严谨、细致、有责任心		
	2. 具备团队精神与合作意识		
	3. 自学能力强		
考核标准	1. 能够在系统上安装虚拟化软件		
	2. 能够在虚拟化环境中安装所需的操作系统		
	3. 能够设置虚拟化环境的网络		
	4. 能够解决常见的系统和网络问题		
	5. 能够在虚拟化环境中安装、配置所需软件		

通过教学分析，我们可以将专项能力转变为一系列专业课程。这种转变过程是一个渐进的过程，我们需要反复地进行重组与调整。在这个过程中，我们对已经生成的专业课程进行审视，可以粗略地将它们分成两大类：第一类专业课程之间存在明显的逻辑链路，且其对应的专项能力往往占据更加核心的地位；第二类专业课程之间没有清晰的逻辑链路，它们与第一类专业课程之间呈松散关系。通常情况下，我们将第一类专业课程称为专业核心课程，将第二类专业课程称为专业方向课程。

所谓专业核心课程，是指为了满足本专业所面向的职业岗位的核心专项能力要求而开设的专业课程。专业核心课程是教学计划中最为关键的课程，其开发是专业人才培养方案开发的核心工作。图3-5所示为专业核心课程的逻辑链路示意图。

图3-5 专业核心课程的逻辑链路示意图

所谓专业方向课程，是指根据学生学习兴趣在专业内进一步细分的专业课程。其职业特征很明显，或技能性很强，或是对专业核心课程的拓展。

本研究团队对此进行教学分析，对于一系列专业核心课程及一组专业方向课程，它们之间具有非常清晰的逻辑链路，可以绘制出其逻辑链路示意图。

作为职业院校，专业核心课程和专业方向课程应涵盖国家或行业颁布的相应职业标准中的考核要求，将其中的课程编号转变为课程名称，可以得到专业课程列表，如表3-10所示。专业课程名称一般按照"名词+动词"的格式来表述，如"云服务部署""软件项目开发"等。

表 3-10　专项能力编号示例

序号	课程类型	课程名称	专项能力编号
1	实践课	"1+X" Web前端强化训练实践	A2、A4、B3、C5

2. 基于课程技能矩阵的工单设计

依据专业职业能力分析，本研究团队确定了课程对应的职业能力目标要求和学习目标要求，每一个能力目标又从具体描述、步骤、工具与设备、知识基础、素质、考核标准等方面进行了解析，确保学生的岗位技能训练与生产一线要求同步。

我们聚焦腾讯、亚马逊、百度等头部企业的典型工作岗位，深入分析岗位职业能力，开发以职业胜任力和职业发展潜力培养为要求的课程标准，重构课程体系。校企双方共同构建职业化、活模块课程体系，完成新技术教学模块化解构，提炼核心技能知识点，编制实训案例。一项职业能力由多项职业技能支撑，而每项职业技能最少要由一个工单支撑，工单必须有相应的教学资源。

例如，在"岗课赛证"课程体系建设中，我们更新的6个新技术课程模块，对接的是"1+X"证书，实现"岗课赛证"融通，如图3-6所示。

运用"微专业"概念，以模块化课程动态更新最新技术内容，不仅能增强人才培育与高端产业需求的一致性，还能显著提升软件技术专业学生的专业水平及其对新兴技术岗位的适应能力。本研究团队针对云计算架构、AI及大数据等前沿产业，与行业领军企业保持紧密联系，将职业岗位所需的专业技能及企业的实际生产和研发项目实例转化为教学大纲的具体要求和教学内容。这不仅确保了教育内容的时效性和实用性，还促进产教深度融合，为学生就业打下坚实基础。

图3-6　"岗课赛证"融通的模块化教学体系

研究者将根据产业发展，持续更新专业群内相关专业及专业方向的职业能力分析，为推行工单式模块化教学打下坚实的基础。

根据模块化教学体系的设计，可以制作表3-11所示的核心课程教学资源要求示例。

表 3-11 核心课程教学资源要求示例（部分）

"Web前端开发技术"				
序号	教学点名称	积件素材描述		
1	名称：jQuery简介及前序知识、技能复习 描述：介绍了学习jQuery技术对从事Web前端开发的重要性、并对前序知识、技能进行复习，以保证本课程后续章节教学的顺利开展	知识点和技能点的名称	媒体构成		
			素材点名称	媒体类型	教学功能
		jQuery简介	"Web前端开发技术"第1讲教案	Word	辅教、辅学
			jQuery简介	PPT	
			课后习题及答案	Word	
		jQuery前序知识、技能复习	"Web前端开发技术"第2讲教案	Word	
			JavaScript和CSS复习	PPT	
			任务"设计表格样式"案例代码包	源代码	
			任务"计算成绩表平均分"案例代码包	源代码	

本研究团队在工单式教学实践中，探索出工单式模块化实训教学模式：根据教学目标，划分岗位技能模块，立足岗位技能模块，根据工作场景设计多个工单，为学生提供宏观的模块化教学整体流程和微观的实践步骤具体指导；利用工单引入真实的工作要求，在实训室营造虚拟的工作场景，融合工作场景和学习情境、工作流程和实训过程；同时，采用线上提供学习资源引导学生自学、线下指导学生完成工单任务的混合式教学方式，让学生在实践中巩固相关专业知识。

以"企业项目实训"课程为例。在"企业项目实训"课程教学中，教师参照企业解决问题的流程，采用以专项能力为载体的教学方式，引导学生在完成工单任务的路径中掌握需求分析工程师、Web前端工程师、Python后端开发工程师、功能测试工程师、软件实施工程师岗位对应的职业技能。具体的职业技能分析表如表3-12所示，岗位要求与职业技能对应表如表3-13所示。注意，职业能力用大写字母编号，职业技能用小写字母编号。

表 3-12　职业技能分析表

综合技能	专项技能			
	1	2	3	4
准备a	需求分析a1	搭建开发环境a2	数据库设计a3	界面风格和布局设计a4
数据展示b	单表数据显示b1	页面重定向b2	多表数据展示b3	实现页面的异步刷新b4
数据操作c	实现后台管理功能c1	数据更新请求处理c2	用户管理和权限控制c3	文件上传处理c4
测试与部署d	执行单元测试d1	执行功能测试d2	编写用户使用手册d3	部署项目d4

表 3-13　岗位要求与职业技能对应表

岗位名称	岗位要求	对应职业技能
需求分析工程师	与客户进行沟通，进行需求调研，根据调研结果编写需求文档	需求分析a1
Web前端工程师	设计及编写Web端程序	界面风格和布局设计a4、单表数据显示b1
Python后端开发工程师	负责产品的后端开发设计、功能实现，并进行单元测试、部署及维护	搭建开发环境a2、数据库设计a3、数据展示b、数据操作c、执行单元测试d1
功能测试工程师	能够独立设计和执行后台业务测试用例	执行功能测试d2
软件实施工程师	负责项目服务器及软件系统的部署与维护，参与用户使用手册编写和软件应用培训	编写用户使用手册d3、部署项目d4

针对上述岗位的各专项技能的具体要求说明如表3-14所示。

表 3-14　专项技能要求说明

编号	专项技能	描述
a1	需求分析	收集需求，编写符合行业标准的产品需求分析文档
a2	搭建开发环境	根据应用产品的开发技术，搭建和配置软件平台、集成开发环境
a3	数据库设计	分析数据需求，设计数据模型及其关系
a4	界面风格和布局设计	根据需求确定界面风格、绘制界面视觉图

续表

编号	专项技能	描述
b1	单表数据显示	获取单表数据，在页面上显示来自本地或第三方的文字、图片及视频
b2	页面重定向	设置网址映射，实现多页面跳转
b3	多表数据展示	创建具有复杂关系的多个数据模型，在页面中显示多表数据
b4	实现页面的异步刷新	创建Web API，实现前后端分离
c1	实现后台管理功能	通过后台管理页面管理和维护网站
c2	数据更新请求处理	使用表单或直接向服务器提交请求，修改数据库数据或执行业务逻辑处理
c3	用户管理和权限控制	使用会话机制、系统用户管理机制、验证码中间件实现用户管理和权限控制
c4	文件上传处理	在前台页面中通过表单提交及管理文件
d1	执行单元测试	使用Python Web单元测试模块编写单元测试文件
d2	执行功能测试	根据需求编写测试用例，执行测试并记录测试结果
d3	编写用户使用手册	编写用户使用文档，说明项目各功能模块操作流程及注意事项
d4	部署项目	选择和配置云服务器，将项目成功部署至云服务器中

根据项目特点和职业技能培养需要，我们可将项目划分为两个教学模块，如表3-15所示。

表 3-15 教学模块划分

教学模块	场景描述	所需学时/个	覆盖职业技能
Web项目前端数据展示	设计界面布局，实现展示页面，获取后端数据并展示在前端	22	a1、a2、a4、b1、b2、b3、b4、d3
Web项目后端数据处理	设计和创建数据库，实现复杂数据处理逻辑	32	a1、a2、a3、c1、c2、c3、c4、d1、d2、d4

为每个技能点制订相应的项目工单式实训教案，如图3-7所示。项目工单式实训教案能确保技能点得到充分训练，其他教师在需要训练学生对应技能点时也可使用相应的项目工单式实训教案，这有利于实现资源共享。

表1 项目工单式实训教案（首页）

项目名称	课程名称	企业项目实训	实训目的	1.了解项目需求 2.掌握需求说明文档的编写 3.能够搭建开发环境	授课时间	20min
	实训项目	社交网站			操作时间	60min
	子项目	需求分析和搭建开发环境			学时	1~2个学时
项目要求	技术理论知识	1.需求说明文档规范 2.虚拟化环境				
	实际技术操作	1.编写需求说明文档 2.搭建虚拟环境				
	设备	安装 Python 3.8、Vs Code、Pycharm、浏览器的计算机				
	重点	1.明确功能需求 2.搭建虚拟环境				
	难点	理解虚拟环境的作用并搭建虚拟环境				
	教学对象分析	1.根据实训人数，将学生分为2~3人一组，以便分组完成任务 2.学生对软件开发基本流程有一定了解，在实训中通过实践体验开发流程				

表2 项目工单式实训教案（附页）

工单对应专项能力：
A1 需求分析
A2 搭建开发环境

一、组织教学
配时：3min
1.检查出勤及学生着装情况；
2.说明本次实训工单任务的内容及提交要求。

二、理论引导
配时：5min
1.需求说明文档编写规范
2.Python虚拟环境作用；
3.开发工具调试功能。

三、教师示范操作
配时：10min
1.编写需求说明文档
（1）介绍需求文档组成；
（2）演示系统结构图、功能示意图的绘制方法。
2.创建虚环境
（1）演示Python解释器的安装；
（2）演示安装虚拟环境命令；
（3）演示创建虚拟环境文件夹；
（4）演示激活虚拟环境方法。
3.安装开发工具
演示集成开发工具的安装和使用。

四、学生独立操作
配时：60min
1. 说明
明确项目需求，准备开发环境。
2. 操作步骤
（1）收集需求；
（2）按照规范要求编写需求说明文档；
（3）安装Python解释器；
（4）安装和熟悉集成开发工具；
（5）安装虚拟环境命令；
（6）创建虚拟环境文件夹；

图3-7 项目工单式实训教案示例（部分）

3. 基于"三驱动"的双师教学团队构建——以AI开发类为例

围绕以学生为中心的全职业生涯培养理念，团队通过校企协同，以培养学生岗位胜任力和职业竞争力为目标，采用软件工程标准驱动、"互联网+"技术驱动、数据和智能创新驱动这三者结合的方法以及职业能力分析方法，结合AI专业的课程体系建设，对课程体系开发流程进行深入分析，并从团队、资源、环境、技术等育人要素的协同方面进行探索与实践，建成师德师风高尚、结构更加合理、管理机制更加完善、成员能力更加突出的师资团队。

（1）校企双元教学的师资团队建设：通过完善产业学院的管理制度和建立企业教师常岗优酬制度，为企业教师制订可参考的教学标准，明确企业教师的岗位职责和待遇，将兼职教师培养纳入团队建设，将模块化教学改革的工作体现在教师工作业绩中，激发团队参与改革的主动性和积极性。

支持混合式教学的校企双元教学团队进行多场景分工协作，创新实施双元教学。针对专任教师的新技术教学能力不足的问题，以及在新技术快速迭代的背景下专任教师和企业兼职教师在课程协作上断层的问题，团队以职业能力贯穿的工单式模块化教学改革为基础，形成工单式模块化实训教学模式，支持职业院校根据学生情况个性化调整实训计划，按工单组织团队授课，解决多场景分工协作中的专兼职教师混合式教学难题，如图3-8所示。

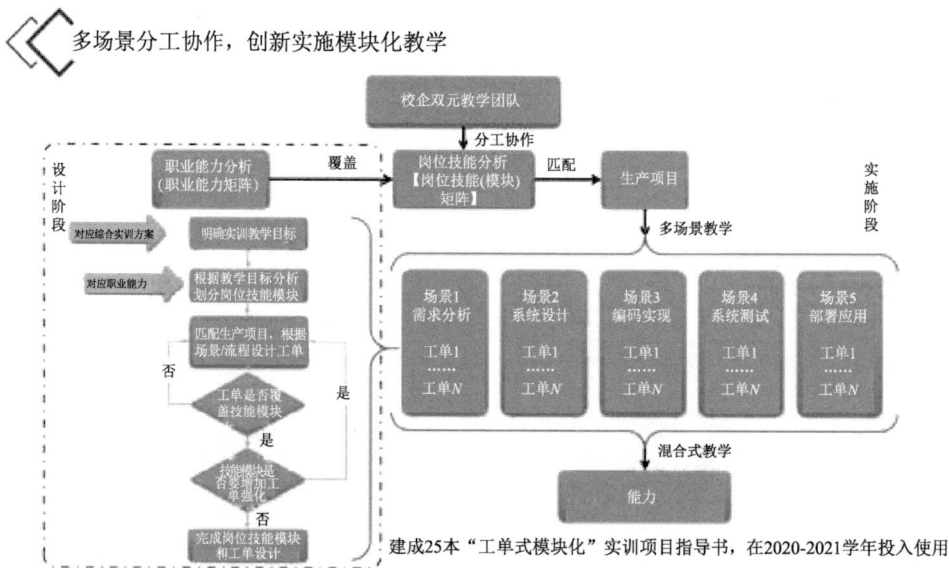

◀◀ 多场景分工协作，创新实施模块化教学

校企双元教学团队

分工协作

| 设计阶段 | | 实施阶段 |

职业能力分析（职业能力矩阵）　覆盖　→　岗位技能分析【岗位技能（模块）矩阵】　匹配　→　生产项目

对应综合实训方案 → 明确实训教学目标

对应职业能力 → 根据教学目标分析划分岗位技能模块

匹配生产项目，根据场景/流程设计工单

工单是否覆盖技能模块　否／是

技能模块是否要增加工单强化　否／是

完成岗位技能模块和工单设计

多场景教学

场景1 需求分析	场景2 系统设计	场景3 编码实现	场景4 系统测试	场景5 部署应用
工单1 …… 工单N	工单1 …… 工单N	工单1 …… 工单N	工单1 …… 工单N	工单1 …… 工单N

混合式教学

能力

建成25本"工单式模块化"实训项目指导书，在2020-2021学年投入使用

图3-8　工单式模块化实训教学模式

按照不同职业能力要求进行课程模块的优化重组，发挥倍增效应，对支撑课、核心课和拓展课进行分类，形成与能力匹配的岗位技能模块，建立由浅入深、环环相扣的教学单元并实现共享。基于职业能力矩阵，本研究团队将生产项目转换为项目式教学场景并设计相应的工单内容，基于"1个中心、4个基本点、10个方面"开展工单式项目综合实训（见图3-9），使教学模块"活起来""动起来"，进一步提升学生技术技能水平。本研究团队自主开发模块化教学管理平台，助力模块化教学顺利实施，并获得软件著作权。

（2）新技术引领，加强双元模块化资源开发。行企领域专家与教师共同制订课程、教材建设标准，课程小组以"岗位职业能力—专项技能—教学模块—工单—评价反馈"为路径开发模块化课程，将一线生产项目按技能进行分解，形成积件式资源，支持工单式授课。

职业院校可依托国家级职业教育教师教学创新团队建设成果，分方向打造多场景分工协作的模块化教学微团队。团队联合制订授课计划，共同研讨备课，机动轮流授课，极大优化师资配置，把教师所长与相应模块精准匹配（见表3-16），充分发挥"1+1>2"的效应。团队创新教学评价方式，让课堂"活"起来，综合运用过程性评价、增值性评价和综合性评价，突出多元评价主体（教师、企业、学生、小组）。

运用工单系统引导学生按要求和步骤实践，并及时记录工单和完成对每个工单的自评，通过完成递进式、覆盖职业岗位综合技能训练的工单任务，夯实学生的岗位技能、职业胜任力。

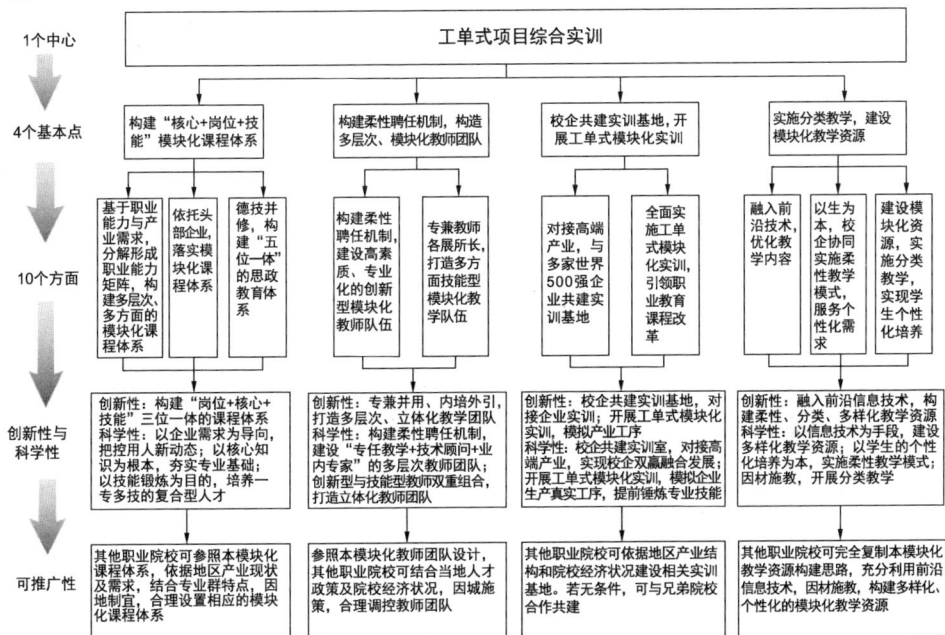

图3-9 基于"1个中心、4个基本点、10个方面"的工单式项目综合实训

表 3-16 模块化教学微团队的部分实训课程安排示例

序号	班级	人数	课程名称	指导教师	合作企业	实训周次
1	21大数据3-1班	49	岗位综合项目实训	周一至周三：廖×× 周四至周五：刘××	腾云悦智科技（深圳）有限责任公司	15
2	21大数据3-1班	49	岗位综合项目实训	周一至周三：廖×× 周四至周五：刘××	腾云悦智科技（深圳）有限责任公司	16
3	21大数据3-1班	49	岗位综合项目实训	周一至周三：周×× 周四至周五：花××	广州泰迪教育科技有限公司	17
4	21大数据3-1班	49	岗位综合项目实训	周二至周三：曹×× 周四至周五：周××	广州泰迪教育科技有限公司	18

续表

序号	班级	人数	课程名称	指导教师	合作企业	实训周次
5	21大数据3-2班	49	岗位综合项目实训	周一至周三：曹×× 周四至周五：廖××	腾云悦智科技（深圳）有限责任公司	15
6	21大数据3-2班	49	岗位综合项目实训	周一至周三：廖×× 周四至周五：曹××	腾云悦智科技（深圳）有限责任公司	16
7	21大数据3-2班	49	岗位综合项目实训	周一至周三：花×× 周四至周五：周××	广州泰迪教育科技有限公司	17

4. 建立素质拓展（赋能课程）职业发展潜力分析模型

课堂作为育人主渠道，应当"润物细无声"。教师应以专业知识为媒介，潜移默化地对学生进行思想品德教育，将思政育人理念融入每一个教学环节，确保学生在获取专业知识的同时接受精神熏陶。

本研究团队关注到教学实践中存在思政教育与专业教学脱离、专业课程中思政元素融入不足、缺乏系统性思政课程评价方式等问题。在专业课程中，思政育人更多体现在隐性学习中，教师通过案例展示、操作练习、个人的言传身教等方式对价值观、职业精神、职业素养等进行传授。虽然人才培养方案的课程目标中都包含思政目标，但大部分课程目标中的思政目标内容宽泛且雷同，缺乏实际的教学指引作用，导致在课堂教学的过程中，教师无法对思政育人效果进行有效评价。

在推进专业课程与思政教育融合的过程中，我们深入分析行业对人才的需求及职业教育学生的特点，在此基础上参照中国学生发展核心素养框架，结合工单式模块化教学改革中的实践经验，运用职业能力分析模型，从德、智、体、美、劳、创6个维度拆解学生应有的综合素质与专业素质；通过建立素质拓展（赋能课程）职业发展潜力分析模型，将抽象的综合素质具体化为可识别、可衡量的专项素质，并为每一项素质设定明确的评估标准；将隐性课程评估具象化，为专业课程设定思政目标提供支持，帮助教师深入发掘专业课程蕴含的思政教育资源，增强其在思政教育方面的教育能力和教育意识，从而在专业教学中切实实现立德树人。

素质拓展（赋能课程）职业发展潜力分析模型以专业知识为载体，通过对德、智、体、美、劳、创各项素养的分解与组合，将价值传输和知识引领结合，确保课程思政与思政课程"同向同行"。

5. 建立学生职业能力画像——以软件技术专业群为例

为了更好地实现"岗课赛证"融通培养，就要精准分析每个学生的学情，分别建立学生职业能力画像，以给出帮助学生培优补强的学习路径。建立学生职业能力画像的主要作用如下。

● 帮助学生自我评价，查找短板，直观给出反映学生职业能力的雷达图。学生在学习过程中根据对工单的学习情况边学边绘，逐步完成技能"画像"。学生能够通过技能"画像"及时发现自身在学习、实训实践中的问题，并和学业导师进行沟通，及时查找原因，提高学习效果。

● 帮助教师评估教学效果，及时掌握教学状态数据。教师通过对比分析教学状态数据，快速了解学生的工单掌握情况及模块化教学效果，进一步优化工单组合设计，不断提升教学质量。

● 实现对学生的个性化培养及精准企业岗位推荐。教学团队根据学生具备的知识、技能、经验、素养自动生成积分数据，从而形成个性化的职业能力画像，最终帮助学生实现精准、高质量就业。

（1）学生职业能力画像维度解析

选取知识、技能、经验和素养4个维度，以此对学生的职业能力进行评估，如图3-10所示。

图3-10　学生职业能力画像维度示意图

（2）能力要素

表3-17从知识、技能、经验和素养4个维度对能力要素做了说明。

表 3-17　能力要素

维度	能力要素	说明
知识	基础知识	指数学、计算机、逻辑思维等方面的基础知识,是学生进入软件技术领域的基础
	专业知识	指软件工程、编程语言、数据库管理、系统设计等专业领域的知识,是学生在软件技术领域进一步发展的基础
	相关知识	指与软件技术相关的跨学科知识等,能帮助学生拓宽视野,适应行业发展的多样化需求
技能	基本技能	指涉及学生分析和解决实际问题的技能,包括逻辑分析、创新思维、独立解决技术难题的技能
	专业技能	指编码技能、软件开发技能、系统调试技能等,是学生在实际工作中所需要具备的技术操作能力
经验	实习经验	指学生在实际工作中获得的实习经验,包括参与与专业相关的行业协会、企业的实习经历,是学生在校期间积累实践经验的重要途径
	项目经验	指学生在校期间参与与专业相关项目的经验,包括项目角色、项目规模、项目成果等,是学生实际工作能力的体现
	行业经验	指学生对软件技术行业的了解和认识,包括对行业发展趋势、企业文化、行业标准等的了解
素养	职业素养	指学生通过课堂学习与校内外专业实践所形成的各项有助于职业生涯发展的能力,包括目标设定、沟通交流、团队意识和协作能力等方面的素养
	创新能力	指学生自主获取、学习知识,提出技术方案、新观点,应用新思路、新方法、新模式的能力
	工匠精神	指学生对职业敬畏、对工作执着、对作品负责,极度注重细节,不断追求完美的态度

（3）职业种类与职业能力等级

① 职业种类

职业种类是基于专业群就业所面向的数字产业的业务形态、信息技术发展和应用规律来划分的,如表3-18所示。

表 3-18　职业种类

序号	职业种类	序号	职业种类
1	前端应用开发	5	数字产品经理
2	系统应用开发	6	数据管理服务
3	人工智能开发	7	智能终端开发
4	产品经理	8	大数据处理与运维

② 职业能力等级

在职业种类的基础上，教学团队应根据软件技术行业发展的需求和学生的职业发展客观规律，将学生的职业能力划分为5个等级，作为学生职业能力评价的依据，如表3-19所示。

表 3-19　职业能力等级

职业能力等级	要求
5级（技术领航者）	精通软件开发技术领域的知识，具备很好的综合素养，能够独立完成一定数量的复杂软件开发任务，具备丰富的实际复杂软件开发项目经验
4级（技术专家）	掌握软件开发技术领域的知识，具备较好的综合素养，在他人指导下，可以完成一定数量的复杂软件开发任务，具备有限的复杂实际软件开发项目经验
3级（技术探索者）	理解软件开发技术领域的知识，具备一定的综合素养，能够独立完成一定数量的简单软件开发任务，具备丰富的简单实际软件开发项目经验
2级（技术实习生）	了解软件开发技术领域的知识，具备基本的综合素养，在他人指导下，可以完成一定数量的简单软件开发任务，具备有限的简单实际软件开发项目经验
1级（入门级新手）	具备基本的编程语言和算法知识，能够进行简单的软件开发和故障排除，至少完成一至两个小型项目，学习能力强、积极进取

（4）职业能力等级与评价标准

① 知识

知识（Knowledge，简写为K）的评价内容主要包括：基础知识、专业知识和相关知识。各类知识的等级和要求见表3-20。

表 3-20　知识等级和要求

知识等级	要求
等级5（K5）	对行业内的前沿技术有深入的研究和实践，能够指导和影响行业发展，具备领域内专家级别的知识和见解
等级4（K4）	在多个领域有深入的知识积累，能够熟练应用各种设计模式和架构思想，具备对新技术进行快速学习和应用的能力
等级3（K3）	深入理解多种编程语言和技术栈，对系统架构有一定的了解，能够进行系统级的分析和设计
等级2（K2）	掌握一门主流编程语言，了解常见的开发工具和框架，熟悉面向对象编程思想
等级1（K1）	能理解基本的编程概念和语法，熟悉常见的数据结构和算法

② 技能

技能（Skill，简写为S）的评价内容主要包括：解决实际问题的基本技能、在实际工作中所需要具备的专业技能。各类技能的等级和要求见表3-21。

表 3-21　技能等级和要求

技能等级	要求
等级5（S5）	能够在行业内产生影响，指导他人成长，对团队和项目产生重要影响
等级4（S4）	具备项目管理和领导能力，能够组织团队完成复杂项目，解决技术难题
等级3（S3）	具备团队协作和沟通能力，能够参与中等规模的软件开发项目并做出贡献
等级2（S2）	能够独立完成中等复杂度项目，具备良好的代码设计能力和系统分析能力
等级1（S1）	能够编写简单程序，理解基本算法和数据结构，具备基本的软件开发能力

③ 经验

经验（Experience，简写为E）的评价内容主要包括：实习经验、项目经验和行业经验。各类经验的等级和要求见表3-22。

表 3-22　经验等级和要求

经验等级	要求
等级5（E5）	具有丰富的复杂项目工作经验，独立完成过一定数量的复杂软件开发任务
等级4（E4）	具有有限的复杂项目工作经验，在他人指导下，完成过一定数量的复杂软件开发任务
等级3（E3）	具有丰富的简单项目工作经验，独立完成过一定数量的简单软件开发任务
等级2（E2）	具有有限的简单项目工作经验，在他人指导下，完成过一定数量的简单软件开发任务
等级1（E1）	参加过一些小型项目，对软件开发流程有基本了解

④ 素养

素养（Quality，简写为Q）的评价内容主要包括：驱动个人职业生涯发展的职业素养、创新能力和工匠精神。各类素养的等级和要求见表3-23。

表 3-23　素养等级和要求

素养等级	要求
等级5（Q5）	具备大国工匠情怀，紧跟国际技术前沿，能够引领创新，具备较强的个人能力素质
等级4（Q4）	追求卓越，洞悉国际技术发展，适应行业的发展变化，具备创新意识，能够提出新颖的解决方案，具备良好的个人能力素质，能够在压力下做好自我调适
等级3（Q3）	精益求精，具备国际化学习与交流的能力，具有匹配工作任务的体能和良好的抗压能力，并有一定的创新意识
等级2（Q2）	热爱工作，善于与他人合作，具备良好的沟通能力，能够有效地表达自己的观点并倾听他人的意见，协调团队，合作完成任务
等级1（Q1）	具备良好的责任心和自我管理能力，尊重劳动，能够按时完成任务，对自己的行为和决策负责

软件技术行业从业人员的职业能力等级与对应能力要素要求见表3-24。

表 3-24　职业能力等级与对应能力要素要求

职业能力等级	知识	技能	经验	素养
5级（技术领航者）	K4/K5	S4/S5	E4/E5	Q4/Q5
4级（技术专家）	K4	S4	E4	Q4
3级（技术探索者）	K3	S3	E3	Q3
2级（技术实习生）	K2	S2	E2	Q2
1级（入门级新手）	K1	S1	E1	Q1

注意：职业能力等级越高，越要求学生对某一方向的专业知识和专业技能有更加深入的掌握，可以达到最高等级5级；对于基础知识和相关知识，只需要达到掌握程度即可，即最高需要达到4级；对于基本技能，只需要达到能够组织团队完成项目的程度即可，即最高需要达到4级

（5）评价方法

① 依据学生的职业种类建立组织的职位体系。

② 依据评价内容及职业能力等级的要求，结合职位具体的服务领域，建立职位评价指标体系。

③ 按照以下方式定期对学生的各项能力进行评价。

a．知识：应主要通过考试等方式进行评价。

b．技能：应主要基于学习训练过程中的数据进行过程性和终结性评价。

c．经验：应主要通过实践履历和第三方进行评价。

d．素养：应主要基于学习过程中的行为数据进行过程性和终结性评价。

按照所建立的职位评价指标体系和评价方式对学生进行评价，评价结果可作为学生职业能力培养、职业发展等活动的开展依据。

（6）职业能力培养

职业能力培养的内容应包括：

① 基础知识、专业知识和相关知识的积累；

② 实际操作能力、问题解决能力和软技能的培养；

③ 实习经验、项目经验、行业经验的积累；

④ 自我驱动能力、团队合作意识、职业操守的培养。

培养阶段和培养方式：

① 在学习阶段前期，应通过课堂教学、实验课程、项目实践等方式，让学生逐步深入学习和掌握各项专业知识和技能，培养软实力。

② 在学习阶段后期，需要通过实习、校外实践、校企合作等方式，让学生接触真实的工作场景，积累相关经验。

（7）培养活动

团队制作并不断完善软件技术专业群职业能力等级与职业技能等级的对应关系（见表3-25），根据职业能力等级划分，为不同的职业岗位建立职业能级画像（见表3-26），精准构建学生职业能力画像。通过组织学生参与软件开发项目、实验室实践、学术讲座、学科竞赛等，引导学生扎实掌握专业知识和技能、培养软实力。组织学生参与行业实习、校企合作项目、开源社区项目等，让学生获得实际工作经验。

表 3-25　软件技术专业群职业能力等级与职业技能等级的对应关系

职业技能等级	职业技能等级划分依据	本专业学生职业能力等级
一级（高级技师）	能够熟练运用专门技能和特殊技能在本职业的各个领域完成复杂的、非常规性的工作；熟练掌握本职业的关键技术技能，能够独立处理和解决高难度的技术或工艺难题；在技术攻关和工艺革新方面有创新；能够组织开展技术改造、技术革新活动；能够组织开展系统的专业技术培训；具有技术管理能力	/
二级（技师）	能够熟练运用专门技能和特殊技能完成本职业复杂的、非常规性的工作；掌握本职业的关键技术技能，能够独立处理和解决技术或工艺难题；在技术技能方面有创新；能够指导和培训初、中、高级工；具有一定的技术管理能力	/
三级（高级工）	能够熟练运用基本技能和专门技能完成本职业较为复杂的工作，包括完成部分非常规性的工作；能够独立处理工作中出现的问题；能够指导和培训初、中级工	5级
四级（中级工）	能够熟练运用基本技能独立完成本职业的常规工作；在特定情况下，能够运用专门技能完成技术较为复杂的工作；能够与他人合作	4级
五级（初级工）	能够运用基本技能独立完成本职业的常规工作	3级

表 3-26　软件开发初级工程师（职业能级 3 级画像）示例

能力维度	能力要素	评价等级	二级能力要素	能力描述	评价方式
知识	基础知识	K3	计算机科学基本知识	掌握计算机科学基本知识，理解数据结构、算法等知识，理解云计算、人工智能等知识	考试
			计算机软件基本知识	掌握程序设计语言，理解数据库、软件工程、操作系统等知识，了解编译原理等知识	
			计算机工程基本知识	掌握计算机基本工作原理、计算机网络等知识，理解计算机系统的体系结构、通信基础、组成原理等知识	
	专业知识	K3	软件需求知识	理解需求获取、需求分析、需求规约和确认等知识，了解软件需求工具的应用等知识	考试
			软件设计知识	理解设计原理和设计方法等知识，了解软件设计工具的应用等知识	
			软件构造知识	掌握软件构造相关规范，理解软件构造技术、软件构造工具的应用等知识	
			软件测试知识	理解软件测试技术、软件测试工具的应用等知识	
			软件建模知识	掌握软件建模语言、软件建模工具的应用等知识，理解软件建模原理、应用场景和方法	
			软件项目管理知识	理解软件项目中不同角色所承担的工作职责，了解软件项目范围、时间、成本、质量、风险、沟通等的管理知识	
	相关知识	K3	服务行业标准知识	了解软件开发服务行业通行的交付或管理相关的国际标准或国家标准	考试
			相关法律法规知识	了解与软件开发服务相关的法律法规知识	
			相关行业知识	了解软件开发服务行业以外的相关行业的知识	

能力维度	能力要素	评价等级	二级能力要素	能力描述	评价方式
技能	基本技能	S3	编程思维能力	掌握一种及以上程序设计语言和相关开发工具，在他人指导下，可以完成一定数量的复杂的软件编程工作	考试＋答辩
			计算思维能力	掌握常用数据结构和算法等基本知识，在他人指导下，可以恰当地将较复杂的数据结构和算法应用到问题求解、软件设计工作中	
			工程思维能力	掌握工程知识、工程技能和工程能力，在他人指导下，可以解决一定数量的复杂的工程技术问题	
			文档编写能力	在他人指导下，可以按照技术文档规范和要求，完成一定数量的技术文档编写工作	
			外语应用能力	在他人指导下，能够按照技术文档规范和要求，完成一定数量的外文技术文档编写工作；能够应用外语进行简单的口语交流	
	专业技能	S3	需求分析能力	在他人指导下，能够应用需求分析方法协助完成简单的业务应用系统（或产品）的需求分析工作	
			软件架构设计能力	掌握架构分析与设计的基本知识，在他人指导下，能够完成简单的业务应用系统的架构分析与设计工作	
			组件详细设计能力	在他人指导下，能够借鉴以往设计经验，完成一定数量的复杂组件的详细设计工作	
			数据库应用与设计能力	在他人指导下,能够应用SQL语句完成一定数量的复杂的数据库应用工作；能够独立完成一定数量的简单的数据库逻辑设计	

续表

能力维度	能力要素	评价等级	二级能力要素	能力描述	评价方式
技能	专业技能	S3	软件构造能力	掌握软件构造知识，以及一种及以上的构造语言和相关开发工具，在他人指导下，能够完成一定数量的复杂的软件功能构造工作	考试＋答辩
			软件测试能力	在他人指导下，能够完成简单的业务系统的测试方案设计工作	
			软件建模能力	熟练使用建模语言和辅助设计工具，在他人指导下，能够完成复杂的软件建模工作	
			配置管理能力	在他人指导下，能够根据配置管理计划识别配置项、建立配置管理环境，协助获取配置项、建立基线	
			项目管理能力	在他人指导下，能够完成一定数量的简单软件项目的管理工作	
经验	实习经验	E3	了解实际工作环境	了解实际工作环境，适应并参与基本的工作任务	经历鉴定＋答辩
			参与实际项目	能够独立完成实习任务，并在解决问题时展现出一定的创新能力	
	项目经验	E3	参与校内项目	在校内项目中展现出对任务的理解和完成能力	
			参与校外项目	能够独立完成校外项目，并具备一定的创新能力	
	行业经验	E3	了解行业发展趋势	了解行业发展趋势和基本工作流程	
			解决行业问题	能够参与行业实践和产品研发，解决实践中的问题并完成相关任务	

续表

能力维度	能力要素	评价等级	二级能力要素	能力描述	评价方式
	创新能力	Q3	新知识获取与应用能力	具备通过检索工具等获取、学习新知识的能力，并能够将获得的新知识应用在工作中	考试＋实践
			技术创新能力	针对问题，能够基于新技术提出解决方案	
			应用创新能力	使用新思路、新方法解决问题时，在理解并掌握其内涵的基础上，能够对一些环节进行改进	
素养	职业素养	Q3	主动性	根据上级安排，主动推进工作计划，并按时按质完成工作任务；工作过程中积极反馈，在团队中积极参与讨论和交流	行为数据分析
			执行力	按照上级要求和安排，在执行过程中能够发现问题，并适当交流，确保工作按时保质完成	
			责任心	在完成自身的各项工作外，关注团队成果质量，主动提出提升团队成果质量的建议或方案	
			沟通能力	能够抓住要点或核心，恰当地应用沟通工具，并掌握一定的沟通技巧	
			团队意识	在完成自身工作的前提下，能够主动协助团队其他成员完成工作	

说明：表中的二级能力要素指能力要素下具体的能力分类。

为了提高学生的职业胜任力，专业群应注意汇聚龙头企业资源，以"产业教席"模式引入高水平兼职教师，积极吸引企业在实践教学基地建设中承担实训平台开发和分工协作模块化授课工作，帮助学生掌握专业新技术，并为学生绘制职业能力画像。项目贯穿、分层递进的实践教学示范基地群如图3-11所示。

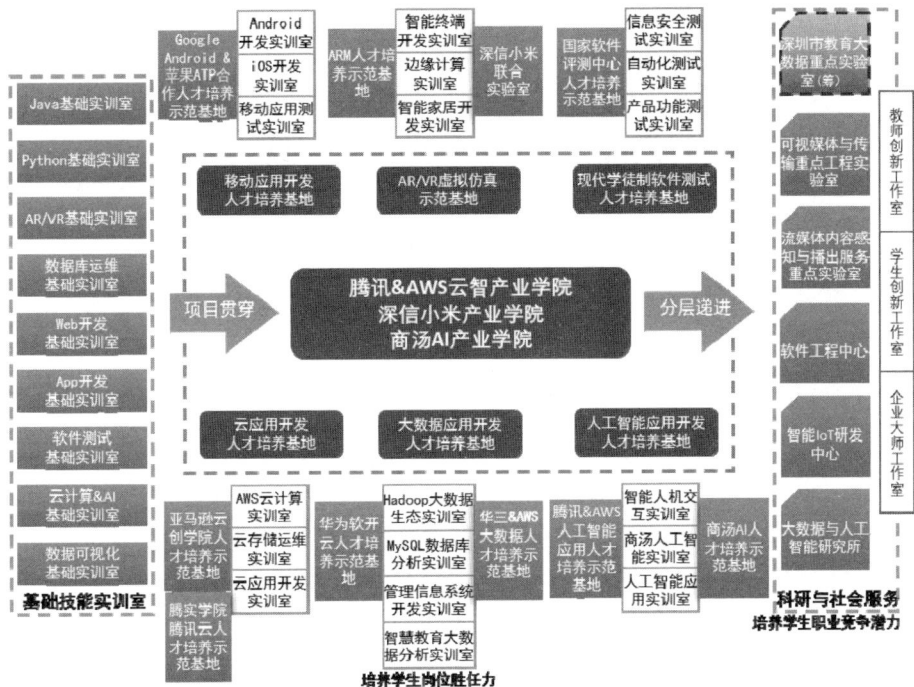

图3-11　项目贯穿、分层递进的实践教学示范基地群

四、 "从0到1"，工单式模块化教学改革的阶段性成果

在"三教"改革的背景下，基于职业能力分析的工单式模块化教学改革从教法、教材、教师出发，打造面向职业教育的高效课堂。在"三教"改革中，教师是主体，教材是载体，而教法是两者之间的导体，教法主要解决"如何教"这个核心问题。基于能力本位，本研究团队构建"专项能力+综合素质"微专业课程体系。通过对职业能力的系统分析，结合具体工作任务的需要，界定软件技术专业群建设必需的核心技能，从而以矩阵形式构建体现各专业能力要求的职业能力框架。采用以职业能力递进为基准的设计思路，建立覆盖初级、中级和高级水平的知识与技能体系，并以此为导向进行课程设置和教材编写，以此保证学生职业能力发展的连贯性和系统性，支持学生在职业生涯中的持续成长。将职业能力细化为一系列具体的技能点，采用工单，确保每个技能点都能够得到全面训练和掌握。以成果为导向，整合模块化的教学项目，确保在全面覆盖职业能力矩阵的同时，着重开发和完善用于培养中级和高级职业能力的教学资源，提升学生处理复杂问题的技能，最终实现对能力目标从1到N的培养。

本研究团队研究开发虚拟仿真项目，探索并解决教学过程中的"三高三难"问题，确保课程、教材与生产一线能力要求相融通。

本研究团队在国家"双高计划"高水平专业群中全面推进模块化教学改革，出版一系列适合工单（活页）式模块化教学的教材，打造"双元协作"的教师教学创新团队。本研究团队致力于以"双高计划"高水平专业群建设和国家级职业教育教师教学创新团队建设为支撑，以职业能力矩阵分析、基于课程技能矩阵的工单设计、分工协作的模块化教学团队建设为抓手，用课程思政贯穿模块化教学改革始终，培养契合粤港澳大湾区发展需求、具有工匠精神的新一代高素质技能人才。

（一）计算机与软件学院专业综合实训课程全面实施了工单式模块化教学

1. "三阶段"贯穿工单式模块化教学

以人工智能技术专业的人才培养方案（见图4-1）为例，首先该专业以当前人工智能技术方向的研究趋势为指引，结合头部企业相关就业岗位对学生在职业技能训练、职业素质培养等方面的要求，在综合分析学生的理论知识掌握度的基础上，总结出学生需要培养的综合能力；通过对综合能力的分解，构建专项能力矩阵；基于专项能力矩阵，组织专业教师团队设计模块化项目工单，由审查团队审查模块化项目工单，形成契合学生能力培养要求的实训工单，再对实训工单进行分类，形成覆盖学生基础知识和初、中、高级职业能力的模块化教学工单。

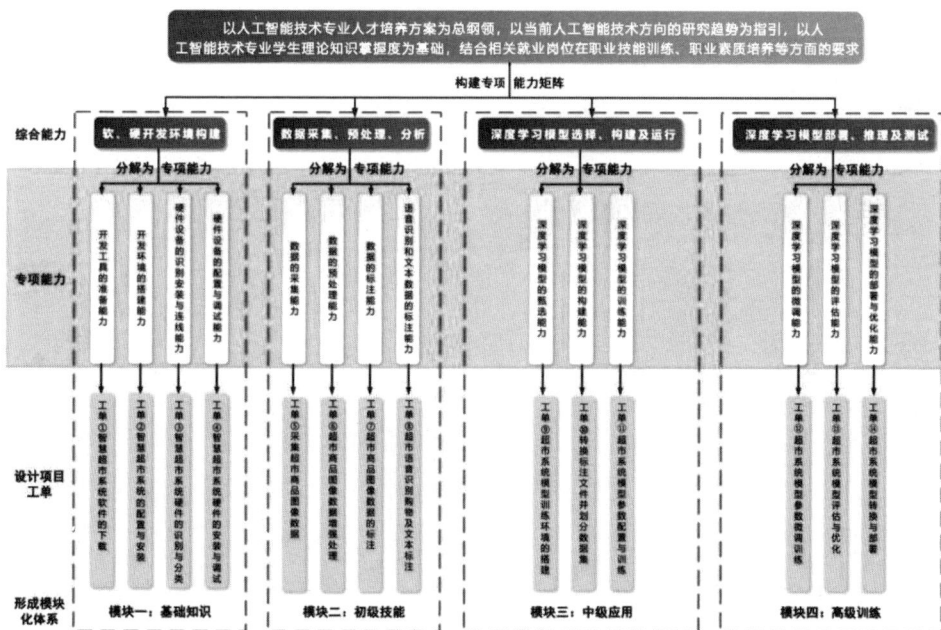

图4-1 人工智能技术专业的人才培养方案

在教学中实施工单式模块化实训计划，主要分为3个阶段，如图4-2所示。

（1）实训工单设计阶段。教师团队结合岗位需求和技能矩阵，设计模块化工单初稿，并上传至工单实训系统，经审查团队审查，若工单设计符合要求，则形成模块化工单，并批准实施；若工单设计不符合要求，则督促相关人员修改、调整工单内容，直至合格，从而确保工单设计的科学性、合理性。

（2）学生工单反馈阶段。不同授课教师分工协作，开展不同模块的教学。各教师登录工单实训系统，提取相应部分的模块化工单，分工协作，开展模块化教学。学生根据教师教学情况及自身掌握情况，动态反馈意见至教务办，教务办将学生的反馈意见收集整理好。一方面，教师团队可基于学生的理解程度合理调整模块化工单内容，确保学生的技能得到提升；另一方面，授课教师可根据学生反馈，合理调整教学策略、进度、重难点，以及与其他教师的协作机制等。这种反馈可以保证基于模块化工单开展教学的有效性、合理性和教师间分工协作的连贯性、科学性。

（3）教师工单自测阶段。各教师在教学过程中开展技能测验，以评估学生对所学技能的掌握情况，并据此绘制技能雷达图，再通过统计每位学生的技能雷达图，形成不同工单中的学生掌握情况统计表，从而及时调整教学策略、进度和重难点等，确保各个模块的教学效果。

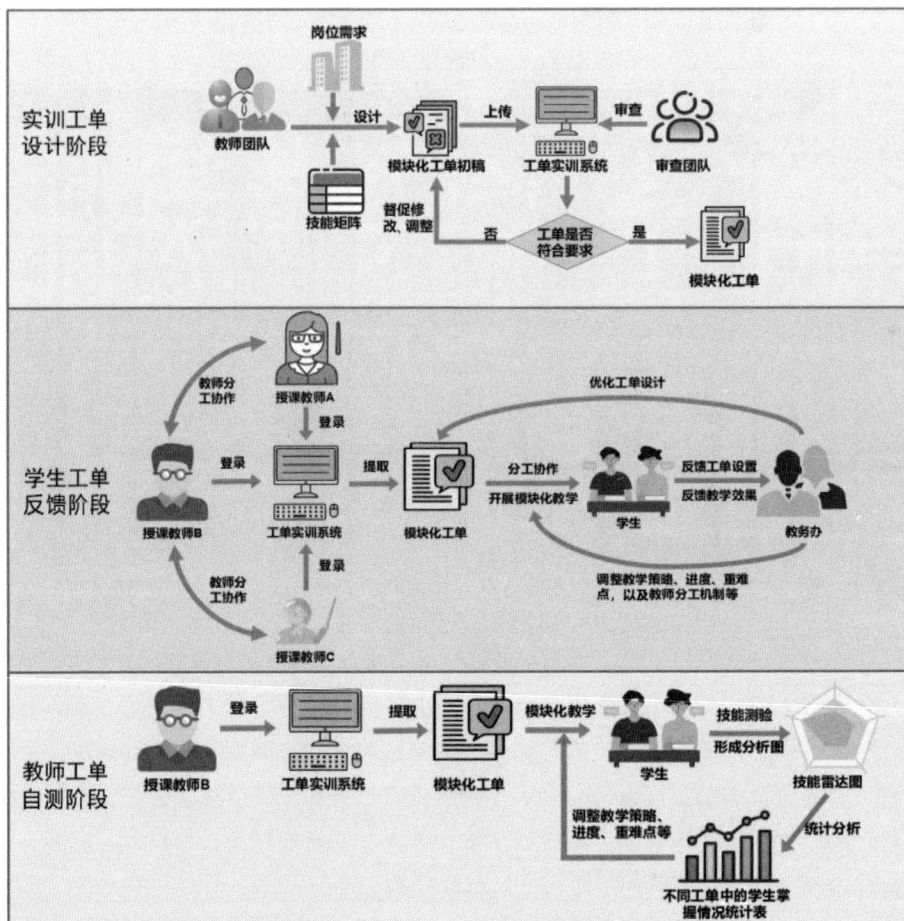

图4-2　工单式模块化实训计划的实施阶段

2. 全面实施工单式模块化教学，取得系列教学成果

专业群全面实施工单式模块化教学：基于职业能力矩阵，专兼职教师团队将生产项目转换为多个教学场景，并设计相应的工单内容；在课堂教学和实训教学中，以教学模块为单位，实施协同讲授和共同评价。2021年春季学期，专业群开始开展模块化教学，主要针对人才培养方案中第5学期的部分核心课程进行实践；2021年秋季学期，专业群启动工单式实训，在部分实训课程中进行实践；2022年春季学期，专业群全面开展工单式模块化实训教学；2022年秋季学期，专业群全面实施工单式模块化教学。

专业群基于《教育部关于公布首批国家级职业教育教师教学创新团队课题研究项目的通知》，围绕教师能力提升和模块化教学这两大主要任务，重点以工单式模块化教学引领课堂改革，并在全国人工智能教学共同体中推广实施工单式模块化教学。2022年，深圳信息职业技术大学的人工智能技术与应用创新团队获评教育部"省市职教教师队伍建设经验做法和创新团队建设典型案例"。实施模块化教学以来，专业群教师围绕职业技能的培养，采取集体备课模式，以"深融通"协同教研进行教学资源共建与共享，并推进了"微专业化""1+X"证书考试等特色教学改革，形成AI、大数据、XR等10个特色培养方向。针对思政教育与专业教学脱离、融入不足，思政资源建设投入不足，缺乏系统性评价等问题，专业群分析了行业人才需求和职业院校学生特点，结合工单式模块化教学改革实践，从德、智、体、美、劳、创6个方面建立素质拓展（赋能课程）职业发展潜力分析模型，帮助教师挖掘专业课程中的思政资源，在专业课程中有效落实立德树人的根本任务。专业群教师在省教师能力大赛中获得一等奖。

自2019—2020学年第二学期起，计算机与软件学院在专业综合实训月中实施模块化教学，并进行工单式模块化教学改革。至2024年7月，该教学改革已经历9个学期。计算机与软件学院的专业群建成500多个模块，并有22本工单式模块化实训指导书投入使用（工单式模块化教学中首批投入使用的课程清单见表4-1）。

表 4-1　工单式模块化教学中首批投入使用的课程清单

序号	年份	课程名称	实训指导书名称
1	2020	企业项目实训 I	"企业项目实训 I"实训指导书
2	2020	软件测试项目实训2	"软件测试项目实训2"实训指导书
3	2020	软件测试项目实训3	"软件测试项目实训3"实训指导书
4	2020	职业技能等级证书考证实践	"职业技能等级证书考证实践"实训指导书

续表

序号	年份	课程名称	实训指导书名称
5	2020	智能家居项目集成开发实训	"智能家居项目集成开发实训"实训指导书
6	2021	Hadoop集群部署运维实训	"Hadoop集群部署运维实训"实训指导书
7	2021	Hadoop集群运维管理实训	"Hadoop集群运维管理实训"实训指导书
8	2021	Python项目实训	"Python项目实训"实训指导书
9	2021	Web前端开发考证实训（初级）	"Web前端开发考证实训（初级）"实训指导书
10	2021	Web与数据库开发实训	"Web与数据库开发实训"实训指导书
11	2021	程序设计强化训练实践	"程序设计强化训练实践"实训指导书
12	2021	创新创客创业教育	"创新创客创业教育"实训指导书
13	2021	岗位项目综合训练	"岗位项目综合训练"实训指导书
14	2021	岗位综合项目实训	"岗位综合项目实训"实训指导书
15	2021	模块化软件评测工程实践	"模块化软件评测工程实践"实训指导书
16	2021	模块化项目开发实训 I	"模块化项目开发实训 I"实训指导书
17	2021	企业项目实训 II	"企业项目实训 II"实训指导书
18	2021	软件测试企业项目开发实训	"软件测试企业项目开发实训"实训指导书
19	2021	算法设计训练	"算法设计训练"实训指导书
20	2021	学徒制岗位项目综合训练	"学徒制岗位项目综合训练"实训指导书
21	2021	云运维工程师实训	"云运维工程师实训"实训指导书
22	2021	智能互联项目实训1	"智能互联项目实训1"实训指导书

（二）建成工单式教学模块管理系统并投入使用

基于工单式模块化教学模式，针对教学模块中所涉及的软件版本更新、各工单模块中的职业技能对专业职业能力的支撑、教师混合式授课中如何有效衔接前后工单模块、如何有效复用工单模块资源、按哪种方式对工单模块进行评价等不断产生的问题，若采用教师间点对点沟通方式，很容易出现因个体差异导致的口径、粒度、评价指标不一致等问题。因此，模块化教学团队从应用规范性、相关模块间有效匹配和相互支持的需求出发，按照"约定优于配置"的软件工程开发思想，区分因时而变、随需应变和基本不变的内容。对于因时而变、随需应变的部分，通过配置文件来线上地、显性地解决；对于基本不变的部分，用线下的、达成共识的规则来解决。在此基础上，本研究团队自主开发工单式教学模块管理系统。自2019—2020学年第二学期起，配合线上线下混合式教学的工作要求，工单式教学模块管理系统逐步投入使用并取得良好成效。

1. 工单式教学模块管理系统的主要功能

（1）岗位管理和职业能力分析

查询岗位管理（见图4-3），确定岗位职责和职业能力的对应关系（见图4-4），按3×3、4×4、5×5、6×6、7×7或8×8等矩阵形式设置不同专业、不同年级的职业能力的覆盖要求（见图4-5），确定实训学期并确认是否覆盖和支撑了重点的职业能力。如果一个工单模块缺乏相应教学资源的支撑，那么它就不是一个有效的工单模块。因此，通过查看工单模块与职业能力的对应关系，基本可以判断教学资源是否合理分布，即是否重点支撑了中、高级职业能力的训练与培养。

"克隆"操作支持课程间复用，可实现教学模块细粒度的共享复用。如图4-6所示，教师通过"克隆"功能可以跨专业、跨年级快速复用已确定的职业能力分析结果，提高教学管理效率。

图4-3 岗位管理

图4-4 岗位职责与职业能力对应关系

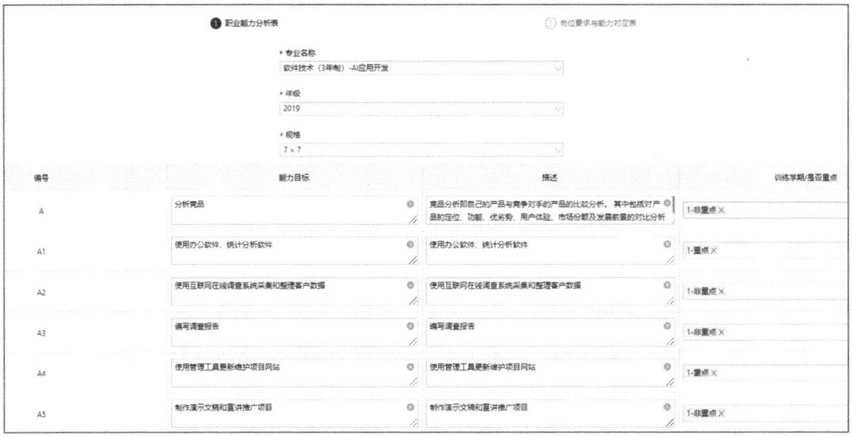

图4-5 职业能力分析表

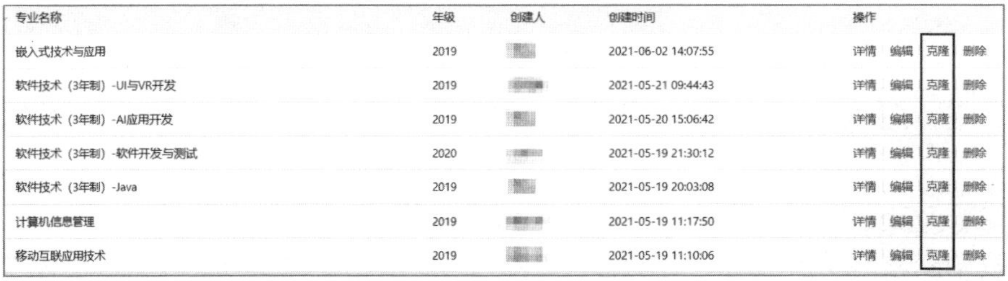

图4-6 职业能力分析列表

（2）教学模块的划分和工单设计

为具体的实训课程划分不同规格矩阵的技能模块，如图4-7所示，确定技能点名称及描述。

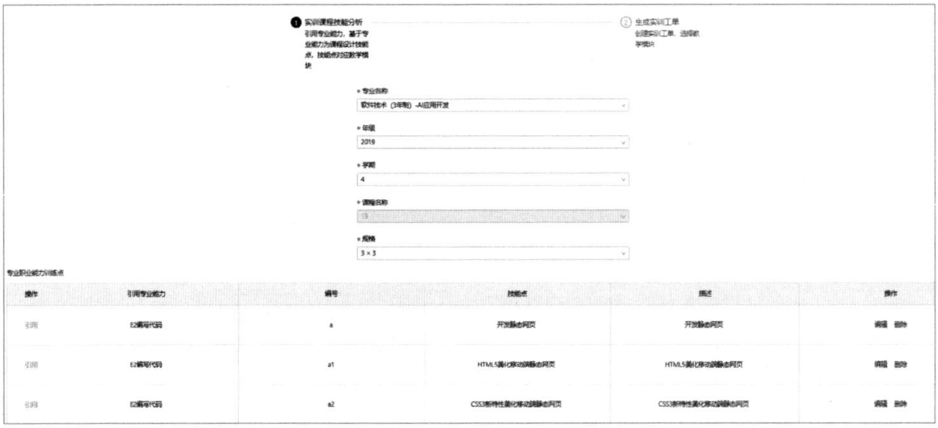

图4-7 实训课程技能模块分析

确定技能模块后,为课程设置与技能模块对应的工单,如图4-8所示,设置工单的基本信息并上传学习资源(必须)。通过教学模块管理功能,编写工单详细指导内容,如图4-9所示。

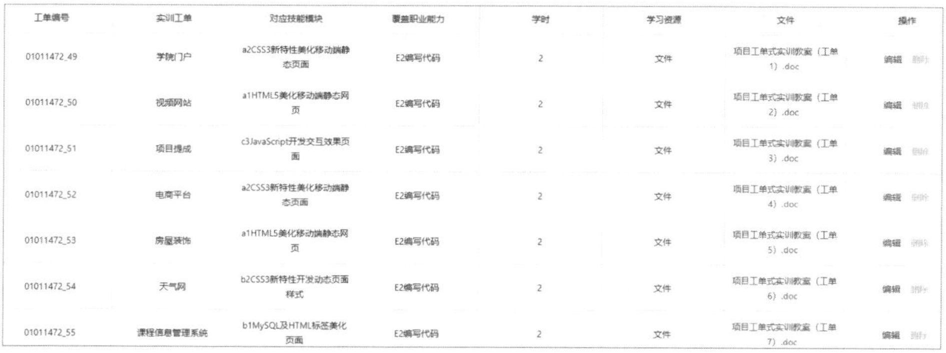

工单编号	实训工单	对应技能模块	覆盖职业能力	学时	学习资源	文件	操作
01011472_49	学院门户	a2CSS3新特性美化移动端静态页面	E2编写代码	2	文件	项目工单式实训教案(工单1).doc	编辑 删除
01011472_50	视频网站	a1HTML5美化移动端静态网页	E2编写代码	2	文件	项目工单式实训教案(工单2).doc	编辑 删除
01011472_51	项目集成	c3JavaScript开发交互效果页面	E2编写代码	2	文件	项目工单式实训教案(工单3).doc	编辑 删除
01011472_52	电商平台	a2CSS3新特性美化移动端静态页面	E2编写代码	2	文件	项目工单式实训教案(工单4).doc	编辑 删除
01011472_53	房屋装饰	a1HTML5美化移动端静态网页	E2编写代码	2	文件	项目工单式实训教案(工单5).doc	编辑 删除
01011472_54	天气网	b2CSS3新特性开发动态页面样式	E2编写代码	2	文件	项目工单式实训教案(工单6).doc	编辑 删除
01011472_55	课程信息管理系统	b1MySQL及HTML标签美化页面	E2编写代码	2	文件	项目工单式实训教案(工单7).doc	编辑 删除

图4-8　工单列表

图4-9　教学模块管理

(3)教学实施

完成实训课程的设计工作后,授课教师根据授课任务,以教学模块为单位安排具体的实训计划,如图4-10所示。

授课教师提交实训计划并经过教研室主任审核后,学生即可查看实训安排、明确技能训练模块,并按照技能训练模块包含的工单要求进行实践。

(4)学生自评

每个学生课后及时针对各工单的掌握情况进行自评,反思收获和不足。学生自评不计入成绩,因此学生无须修饰或隐瞒对工单模块的学习情况。系统对每个模块的学生自评结果进行统计(见图4-11),可以真实地反映工单模块教学目标实现的程度。学生自评是学情分析的重要组成部分,承担后续工单模块教学任务的教师可以在备课中据此客观地掌握学生当前的学习状态,及时调整教学节奏,或者优化教学资源配置,强化学生在之前的工单模块学习中未掌握的技能,达到分层分类、因材施教的目标。

图4-10　实训计划详情

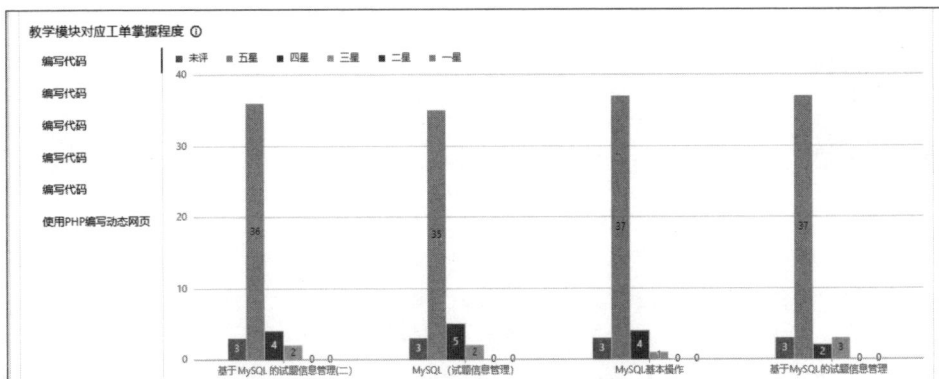

图4-11　每个模块的学生自评结果

2.工单式教学模块管理系统的应用效果

（1）优化实践教学体系

工单式教学模块管理系统的应用可增强实训课程设计和实施的规范化和灵活性。如在设计阶段通过教学模块的克隆复制，可减少专业群中相关实训课程的重复建设，达到不同专业、不同年级的同一课程教学目标一致、教学内容统一的效果。在实施阶段，在已有的教学模块范围内，根据不同学生的掌握程度灵活地安排教学过程，保障教师的实践课堂教学质量。

（2）深化学生实训学习体验

创新教学评价让课堂"活"起来。借助工单式教学模块管理系统，教师可为学生展示"实训课程—教学模块—工单"的教学层次结构。学生可通过教学模块明确实训整体过程，通过工单查看细化的目标及可参照的具体实训步骤。如图4-12所示，学生访问学生工单自评界面可查看整体学习情况，在实践中逐步获得成就感和技能的提升。

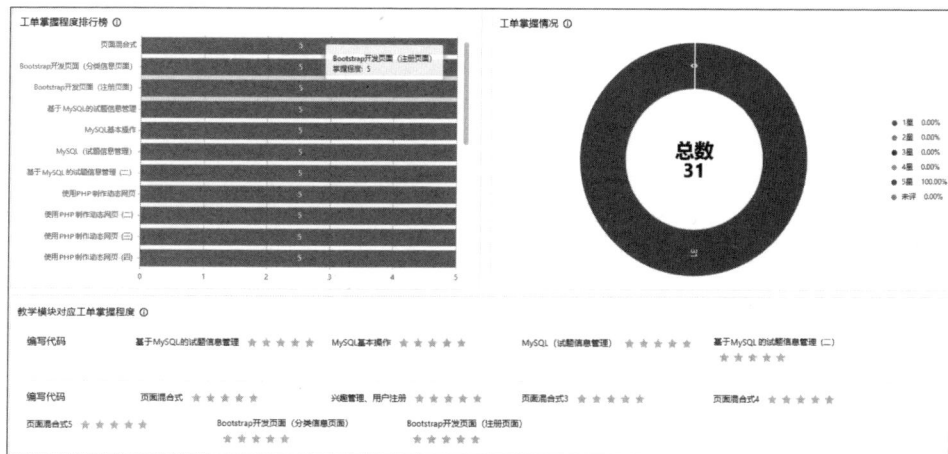

图4-12 学生工单自评界面

工单式教学模块管理系统可指导学生遵循规定的流程和步骤进行实践操作，并根据工单完成情况进行自我评估。随着系列工单任务的完成，学生将逐步掌握岗位所需的各项技能。这种系统化的实践方式确保了实践学习的有效性和连贯性，同时也提升了学生自主学习和自我反思的能力。基于工单式教学和分层教学的实践案例被推荐为广东省2022年高等职业教育"课堂革命"典型案例。

工单式模块化教学围绕产业链上相关性较强的职业岗位群需求，重构"基础知识+平台知识+拓展知识"的课程体系，在全面覆盖职业能力培养的基础上，构建了科学合理、可复制、可推广的模块化教学模式。

（3）工单式教学模块管理系统获得自主知识产权

本研究团队开发的工单式教学模块管理系统获得4项软件著作权（见图4-13）。

图4-13 具有自主知识产权的工单式教学模块管理系统

五、 "从1到N"，工单实施过程中遇到的问题与解决对策

本研究团队致力于通过实施工单式模块化教学改革，建成一支分工协作的模块化教学团队，以企业教师和专任教师组合上课的形式实现优势互补，促进理论和实践相结合，以提升育人成效。但教学改革非一日之功，在改革的过程中，问题层出不穷，下面就常见的问题及其解决措施与读者进行探讨。

（一）改革初期：教师倦怠情绪的缓解与调和

1. 倦怠情绪的成因

新事物的发展是曲折的。在工单式模块化教学改革初期，很多教师对于工单式模块化教学并不认同。

在思想方面，部分教师的守旧思想严重。由于本专业在职业教育专业排行中常年居于前列，部分教师认为当前的教学模式已经能够满足人才培养的需求，因此对改革的必要性持怀疑态度。另一部分教师虽然认同工单式模块化教学的建设前景，但不愿为此承担额外的工作量。当学院强制推行改革时，可以预见这将会增加教师的工作量，进而导致部分教师缺乏改革的热忱。这种思想观念上的差异可能导致教师对改革产生抵触情绪和表现出不配合的态度。

工单式模块化教学改革必然会打破专任教师原有的常规教学秩序，专任教师需要与共同授课的其他专任教师、企业教师就课程技能点的设置和工单的选取进行沟通和磨合，需要反思实践才能够高质量完成教学，这无疑增加了教师的沟通成本。此外，教师授课需要提交一系列的教学文件，很多教师往往将一个教学文件沿用数年，而模块化教学改革要求使用工单教案，这意味着教师需要重新编制教学文件，对原有的教学内容进行拆解和重组，这大大增加了教师的工作量；新系统也需要教

师在前期花费大量时间共同建立工单数据库；由于对新系统的操作不熟悉及新系统在使用过程中时常出现问题，教师在前期课程准备和课堂使用时都遇到了不少麻烦，甚至教学进度也受到了影响……

守旧思想与抵触情绪、在改革过程中增加的工作量及新系统使用初期的种种问题，这些因素共同导致在教学改革初期教师的意见非常强烈。每当提及新系统，教师们无不"吐槽"，就连那些一开始坚定支持改革的教师也产生了畏难情绪。

2. 将心比心，多重措施柔性引导，推动改革发展

改革过程是课程设置和教学方式重新调整的过程，改革的每一步都会影响每位教师，这必然引起教师思想观念、教学方式的重大变化，在这个过程中有反对的声音是正常的现象。因此，学院在改革过程中充分听取教师的意见，针对教师提出的不同问题，提出以下解决措施。

（1）在思想方面，强化教师的职业价值感。院领导向教师充分阐述教学改革的重要意义，即"居安思危，思则有备，有备无患"。新时代教师应当将眼光放长远，认识到教学改革是为了把握先机、在时代浪潮中培养出一批具备扎实技能的"弄潮儿"。而教学改革的最终目的是提高教学质量，当工单数据库建成后，教师能够直接引用工单对相关技能点进行教学和修订，从而减轻工作负担。由此，教师增加了对工单式模块化教学改革的理解与认可程度，减少了抵触情绪。

（2）解决教师的工作量过大问题。学院分阶段推进改革，逐步引入模块化教学的理念和实践，为教师提供充足的适应和准备时间；同时，通过合理安排课程计划、提供教学资源和必要支持等方式来合理减轻教师工作负担。

（3）"量身定制"，解决教师不适应新系统的问题。建立企业与任课教师之间的对接沟通渠道，及时解决系统使用过程中出现的突发状况。根据教师反馈的需求，对系统进行多次迭代升级，并在系统每次更新后都发布与新版本相适应的操作手册，方便教师查询。

（4）建立工单式模块化教学改革反馈渠道，并结合教学督导的意见进行修正。教师群体的倦怠情绪减少了教师对"三教"改革的热忱，同时降低了教师对学生学习困难的敏感度，这是教师职业培训、专业队伍建设中需要特别关注的重要问题。工单式模块化教学改革相当于"赋权"给教师，教师在产教研修融合中定方向、选标准、定重点，各教研室自主安排研修计划。专业群内的教师可以自主组建模块化教学团队，教师可以自主决定工单内容并根据学生反馈和他人引用情况进行工单效果评价。

模块化教学改革经过一学期的初步探索，逐步走入正轨。

（二）改革中期：调整"为改革而改革"的形式主义

1. 形式主义的产生与蔓延

在教师逐步适应工单式模块化教学的同时，新的问题又产生了。

有的教研室在推行模块化教学时，出现了为模块化而机械排课的现象。无论是课程内容与某一位教师的精品课程相匹配，还是在课程的部分环节（比如考试或提交报告阶段）更换教师，都仅从形式上呈现模块化教学的效果。

对于有些课程，虽然根据教师的特长合理安排了模块化教学，但教师之间沟通成本过高，导致不同教师上课时"各自为政"，多个不同的教学项目交叉进行且未有效衔接，使学生感到混乱。

改革初期迅速建立的工单数据库中，部分工单质量不高，后续教师也不想花时间进行更新，往往选择直接引用这些工单，这导致某些低质量的工单被重复引用，影响教学改革的效果。

有些教师在熟悉系统后，以"完成任务"的心态对待教学改革，仍旧按原有的教学模式上课，只在某些节点让学生登录系统进行操作。这就导致教师对系统的倦怠蔓延到学生身上，进一步导致学生在处理系统上的任务和评价时态度散漫，最终导致教师评价和学生评价数据失真。仅仅对工单进行形式上的使用，实际仍采取传统教学方式，这实际只增加了教师和学生的负担，并未真正达到教学改革的效果。

部分教师认为工单系统仍有许多改进空间，如协作效率的问题有待优化。但开展正式的问卷调研时，对系统改进提出建议的人却少之又少。这是因为对于工单系统，大部分教师仅将自己视为使用者而非建设者，这使得工单系统更新和迭代的内容难以精准解决教师在实际使用时遇到的困难和障碍。

表面上教学改革发展欣欣向荣，实际上部分教师在课堂中仍照本宣科，种种现象都反映出工单式模块化教学改革存在形式主义倾向。此外，思想层面的冲突也逐渐显现：改革已经初显成效，是就此止步，还是继续推进？有的教师在参与改革的过程中感受到工单式模块化教学的魅力，而有的教师仍旧对工单式模块化教学持消极态度。

2. 深入沟通建立顶层共识，校企合作优化工单内容

（1）由学院领导与教研室主任进行深入沟通，在工单式模块化教学改革的核心理念和目标上达成共识，提升教研室主任对工单式模块化教学的理解，在排课层面打破形式主义的壁垒，真正实现模块化授课。

（2）针对多个教师模块化授课的沟通成本过高的问题，学院在与企业合作引入案例和工具包时，明确要求以工单形式提供教学内容，让教师在组合上课时使用同

一项目或案例进行教学，这既能降低教师使用工单的工作量，又能降低教师之间的沟通成本，使得教师有更多时间专注于课堂教学。

（3）引入企业资源，定期更新工单。通过与企业的合作，教师可以获得最新的行业信息和实践案例，确保工单内容与实际行业需求紧密匹配，增强工单内容的时效性和实用性。

（4）建立工单系统的监测和评价标准，对工单系统的使用情况进行动态监测。学院通过收集教师和学生的反馈意见，了解他们在使用工单系统时遇到的问题，然后根据反馈结果及时调整和改进工单系统，提高工单系统的易用性。

（5）重视体现递进培养的"过程性"教学资源的建设。虽然教学中引入的企业项目是真实的企业交付项目，但这些项目往往经历多轮修改，可能是开发团队耗费数月才完成的。如果将这些项目直接分解为几个模块让学生练习，学生可能很难理解其中的设计和开发逻辑，进而会产生畏难情绪。因此，教师应注意引入不同难度的工单，让学生逐层递进式地学习，获得成就感。这样，从项目的简单实现到完整实现都有资源支撑，也就可以实现分层教学的目标。

自工单式模块化教学改革持续推行以来，教师团队在系统上积累的资源日渐丰富，相关的教学例会也围绕具体教学问题展开，先行先试的教师获评"教学优秀"称号的比例（主要取决于学生评价）明显增加，教学文件的更新工作量相应减少，专兼教师共同授课的习惯逐渐养成，教师团队逐渐体会到工单式模块化教学带来的灵活排课、因材施教等优点。

（三）改革发展与优化期：发现深层次问题，不断优化教学体系

当工单式模块化教学改革发展到一定阶段，必然会面临新的问题。研究者通过对学生培养过程的长期观察，推测在改革的发展期，还将面临以下问题。

1. 职业能力的更新

行业的发展日新月异，特别是当前专业群所处的行业，面对快速变化的行业用人需求和技术不断更新的岗位要求，如何保证职业能力模型的迭代能够适应时代发展的要求是未来改革面临的核心问题。

2. 教师团队的持续适应

尽管教师在改革初期和中期逐渐适应了工单式模块化教学，但在后期仍可能面临新的挑战和变化。比如，教师的个人能力与新技术的模块化教学的要求不匹配，教师需要不断更新和调整工单内容，以适应不断变化的行业需求和教学环境。改革意志不够坚定的教师，还可能产生思想上的反复和畏难情绪。这本质上是对教师能

力持续提升的要求和对教师团队规模稳定的要求之间的矛盾。在兼职教师团队规模稳定后，部分专任教师因为授课时间的限制，难以参加较长时间的培训，最后往往专注于基础课程的教学。但随着人工智能大模型技术的迅速发展和广泛应用，部分基础课程的教学可交由基于云的网上实验平台和大模型辅助开展，这样不仅可以提高教学效率，还可以将教师纳入中、高级技能培养的资源建设队伍中。

针对教师培训，本研究团队构建了纵向精准化、横向精细化的分段递进施培模式，如图5-1所示。教师培训侧重于提升教师的教育教学能力和素质。首先，我们将教学能力和素质细化为递进的5类，分别是从业基础、常规教学、课程开发、教学标准制订和综合育人。具体来说，在横向上，按照新教师、青年教师、骨干教师、专业带头人和教育教学专家的递进式发展路径，进行分类精细化施培。在纵向上，着重围绕教师在教育教学方面的能力短板进行精准化施培。例如，如果骨干教师在教材编写方面存在不足，则可以有针对性地强化这方面的培训。在培训的具体实施上，专业群教师发展分中心进行系统规划、全面统筹，实现内部培训和外部培训的有机统一，达到"育训融合"的效果，并使其贯穿教师发展的各个阶段。内部培训与外部培训的有机统一是指，在内部培训方面，打造"铸魂强师"系列培训品牌，以涵养师德、补齐教学能力短板；在外部培训方面，侧重于技术技能和专项教学能力的强化提升。此外，本研究团队创新了多样化的培训形式，教师可综合、灵活地运用线上线下混合式培训、沉浸式培训、项目式培训、过程性培训和伴随式培训。

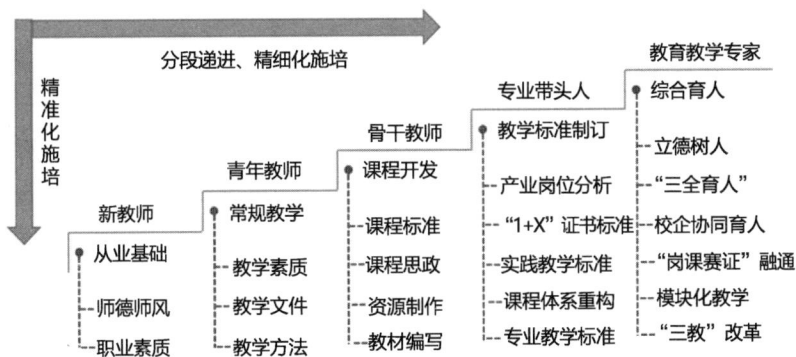

图5-1　分段递进施培模式

针对教师融入产业以促进教学的需求，本研究团队构建了教师双师能力和技术服务能力提升的双螺旋模型，如图5-2所示。其中，第一条螺旋是学习产业螺旋，代表输入；第二条螺旋是服务产业螺旋，代表输出。起初，学习产业螺旋占据主导地位，随着教师反复钻研、不断积累，服务产业螺旋逐渐占据主导地位。在具体实施方面,本研究团队以专业群"头部企业+生态"产业学院建设为契机,主动拥抱产业、深入产业、学习产业、融入产业、服务产业,并最终引领产业,在此过程中不断提升教师的双师素质和技术服务能力。在腾讯高等工程师学院、亚马逊云创学院、小米深信产业学院等特色生态产业学院的运行机制下,本研究团队汇聚、匹配多方优势资源,持续推动教师到企业实践锻炼,并形成长效机制。教师从深入产业开始,学习产业新技术、新理念,参与企业技术研发和创新,提高教学与岗位需求之间的契合度,增强双师能力。在融入产业、熟悉产业后,教师可以找准切入点,结合自身研发专长精准发力,反过来助力企业发展,给企业提供技术培训、技术咨询和技术研发等服务,实现从学习产业到服务产业的切换,做到与产业同频共振,增强技术服务能力。

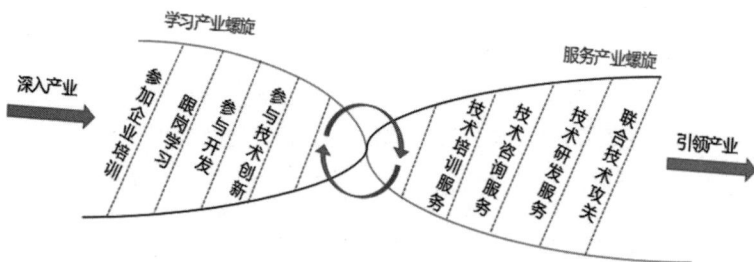

图5-2 教师双师能力和技术服务能力提升的双螺旋模型

3．工单系统的改进和创新

随着时间的推移,工单系统可能需要进行维护和更新,以解决潜在的技术问题和优化功能。这需要学院投入足够的资源和支持,以确保工单系统的稳定运行和持续发展。同时,学院应该鼓励教师进行教学研究和实践,引导教师探索更加高效的教学方法和工单设计模式,进一步提升教学质量和学生的学习效果。

4．质量保障机制的建立

为监测和评估工单式模块化教学的实施效果,需要建立有效的质量保障机制,并根据监测情况和评估结果及时调整和改进教学策略。同时,教师和学生之间的互动和反馈也至关重要。教师需要与学生保持密切的沟通,了解他们对工单式模块化教学的感受和需求,以及他们对教学内容和工单系统的反馈意见。这有助于教师及时调整和改进教学方法和工单内容,提高教学效果和学生满意度。

（四）应用大模型提升教师反思实践的能力

研究者将计算思维和知识图谱相结合,从以下几个方面推进改革进程,以减少在改革过程中可能面临的潜在问题。

在职业能力的更新方面，与资源库支撑平台进行深入合作，我们通过知识图谱进一步增强课程的可视化和交互功能，让教师更好地理解和应用资源库的课程资源，从而更新职业能力模型。计算思维和相关工具可以帮助教师和学生进行模块化的思考和学习，培养他们的分析、抽象和逻辑推理能力，使他们能够更好地适应时代发展的要求。

随着大语言模型（Large Language Model，LLM）"涌现能力"（emergent abilities）的出现，职业教育面临"去技能化"和"再技能化"的冲击，许多原本由人力执行的工作，如简单的制造、数据处理、客服等，已经被机器或软件取代。这样的变化导致一部分技能逐渐不再被需要，甚至某些传统职业岗位被压缩或消失。与"去技能化"相对的，"再技能化"是指随着技术、市场和社会需求的变化，劳动者需要通过学习新的技能来适应新的工作岗位或角色。再技能化通常发生在技术进步导致现有岗位消失或转型时，劳动者通过培训和学习新的技能，重新获得竞争力。在大模型快速发展的时代，人才短缺和技能鸿沟的存在要求加强培养学生对应职业岗位技能的广度并明确给出行业背景知识，适当提高对技能的要求以扩展职业胜任力的深度。教师团队应积极应对AI的快速发展，以适应数字职业岗位快速发展的需要。

在教师团队的持续适应方面，我们通过知识图谱有效地划分专业群课程所需培养的职业技能，利用AI技术释放教学潜力。只有确保人才培养的职业能力图谱准确无误，才能在关键领域实现真正的突破。以编程基础为例，由于学生刚开始学习编程，检查和定位代码中的错误需要耗费大量时间与精力，教师也无法同时解决多个学生的问题。而AI辅助编程助手可以快速分析代码，并提供错误发生的详细信息和修复建议，大大缩短了学生定位错误的时间。通过积极引入AI辅助编程助手和配套的AI辅助数字化教材，每位教师就可以承担起更多班级的基础课程授课任务，这既能够有效提升教师的"单兵作战能力"，又可以将一批教师纳入模块化教学所急需的中、高级技能培养的资源建设队伍中，更好地满足教学需求。

在工单系统的改进和创新方面，教师和学生可以利用计算思维分析和评估工单系统中存在的问题和改进空间。通过知识图谱的分析和可视化展示，教师和学生可以发现工单系统中可能存在的技术问题和用户体验问题，从而可以利用计算思维和相关工具提供对工单系统的反馈和建议，以优化工单系统功能并改善用户体验。同时，教师可以利用计算思维设计更有效的工单内容，以提升教学质量和学生学习效果。

在质量保障机制方面，我们可以利用知识图谱和计算思维建立有效的质量保障机制。教师通过分析知识图谱中学生的学习轨迹和对知识点的掌握情况，可以评估工单式模块化教学的实施效果，并及时进行调整和改进。教师和学生之间的互动和反馈可以通过知识图谱进行收集和分析，以帮助教师了解教学效果和学生满意度。教师和学院可以利用计算思维和相关工具进行数据分析和决策，以提高教学质量和学生满意度。

目前，大模型等技术催生出软件工程3.0，软件研发进入智能化新阶段。人工智能生成内容（Artificial Intelligence Generated Content，AIGC），是基于深度学习技术，输入数据后由人工智能通过寻找规律并适当泛化从而生成内容的一种方式。AIGC正在重塑软件研发领域，研发作业正从以人为主逐步走向智能自主研发。智能辅助（AI辅助代码开发）可解决代码开发过程中"懒得做""重复做"的问题，不改变软件工程的角色分工，而是辅助软件开发工程师更高效地完成任务。智能协同（AIGC应用架构）可解决跨角色、跨团队研发协同工作中的复杂问题，通过跨研发职责及角色的协同增效，提高不同角色间的沟通效率，并增强角色间的互动。特别是涉及AI决策时，需要保障决策的透明性和可解释性，避免黑箱效应。采用可解释AI（XAI）技术，帮助决策者理解和验证自动化决策的依据，将重点解决信息整合分析、全自动化决策等复杂的问题。该技术通过重构软件研发流程的角色分工，基于AI的研发平台辅助决策，辅助计划、预测和协调工作，给流程整合与最终决策提效。AIGC将重塑软件应用全生命周期，编程将从以代码为中心走向以模型为中心，这样工单式模块化教学中的教师能力和教学要求匹配、教学内容按新技术标准同步更新等问题就有了更有效的解决思路。

综上所述，计算思维和知识图谱可以为上述问题提供多种解决方式。计算思维和相关工具可以帮助教师和学生分析和应用知识图谱中的信息，促进学生职业能力的更新和教师的持续适应。同时，计算思维及AIGC可以帮助教师分析和改进工单系统，助力学院建立有效的质量保障机制。这种综合应用可以提升模块化教学的质量和效果，促进学生的职业能力发展。

（五）支撑模块化教学有效开展的相关机制与举措

深圳信息职业技术大学计算机与软件学院在与世界500强企业和领军企业的校企合作人才培养中，不断将AI、云计算、大数据、区块链、AR/VR等新技术引入人才培养方案。自2016年起，本研究团队着手进行多场景教师分工协作与模块化教学改革实践。通过加强情景式教学、现场教学的综合应用，提升教学与工作岗位的相关性。在2015级和2016级的实训教学中，持续推进专职与兼职教师在多场景下的模块化《岗位项目综合实践课程》教学改革,实现了教师/企业专家根据各自的角色进行混合式授课。在课程框架内,根据不同学生的能力和兴趣,定制与之相匹配的课程模块,可以达到个性化教育的目标,确保每位学生都能找到与自身能力最匹配的发展路径。

随着软件技术作为"双高计划"重点建设专业群立项,在建设过程中,深圳信息职业技术学院围绕产业学院建设、课程教材建设、教师团队建设、实践教学基地建设、技术技能平台建设、社会服务、国际化工作和可持续发展与保障等工作方面,分别结合模块化教学深入推动高技能人才的创新培养,确保了模块化教学的顺利开展。

1.建设"头部企业+生态"高水平产业学院,创新"微专业、深融通"育人模式

本研究团队以高水平党建引领构建"四位一体"大思政教育体系,携手世界500强企业打造软件与AI产业学院,基于"产教孪生"理念和"项目贯穿、分层递进、精细培养"模式构建"微专业、深融通"的新型人才培养机制,优化"活模块、职业化"课程体系设计,实施分工协作的模块化教学方法,开展中、高、本、硕贯通培养,形成"梯度化、精细化"的人才培养举措;依托高等工程师学院打造卓越腾飞班、腾实班以培养数字化工匠人才,联合开发AI智慧学情分析系统,构建人才培养质量保证体系。

秉持"心有大我、至诚报国"的理念,实施校企双驱动的"人才培养+新技术推广+赋能生态+产业服务"多元合作模式。提出"产教孪生"理念,构建"党建为根、教学为本、国际化为导、校企融合为要、学生发展为求"五位一体的"微专业、深融通"专业群人才培养机制,形成产教融合下"项目贯穿、分层递进、精细培养"的新型软件人才培养模式。建成首批全国党建工作标杆院系,优化"岗课赛证"融通的课程体系,荣获国家级教学成果奖一等奖、省级教学成果奖一等奖2项和6项国家技能大赛一等奖;建成国际孪生软件学院,输出13项国际化资源,提高全球影响力;主持开发5个国家级、2个国际化专业标准;"腾飞班"入选教育部产教融合、校企合作典型案例。获评国家级社会实践专项活动,促进学生全面发展。

2.精于"镜像"转化,建设"四新"课程教学资源

本研究团队所在专业群构建密切对接"四新"需求的微专业化、模块化、国际化专业课程体系,牵头制订高等职业院校软件技术类专业教学、实训教学条件标准,开发国际专业建设标准并输出高水平课程;实施"精品在线开放课程分层培育"行动,形成校级、省级、国家级全覆盖的精品课程梯队和稳定的培育建设机制;提出"产教孪生"理念,吸引企业共同建设并推广行企认证的数字资源,共同打造新形态

AI技术应用专业教学资源库，联合主持建设大数据技术专业国家教学资源库。

深度融入区域产业，构建创新驱动强磁场，对接"四新"需求，精准匹配岗位技能。基于"产教孪生"理念动态调整专业方向。构建各专业职业能力矩阵，在确保教学资源对技能培养全覆盖的基础上，建立支持分工协作的模块化教学资源建设机制，以新技术驱动资源建设，重塑专业内涵，重点建设面向中、高级技能培养的工单资源，建设有专业特色的模块化思政资源，在专业群全面实施工单式模块化实训。深入参与领军企业技术、平台、服务推广，驱动领军企业主动合作及授权，共建3门国家精品课程和19门省级、国家智慧职教、国家资源库课程；完成13项境外推广课程专业标准；建设57门校企融合新技术课程；主持1项教育部新一代信息技术领域课程改革试点项目。

3. 开展工单式模块化教学，"云智融合"深化教材与教法改革

以"头部企业+生态"模式建设产业学院，制订体现产业新技术、引领职业教育"教随产出"理念的职业标准，并开发技能指导书；组建校企教材建设"微团队"，实施"新技术进教材"工程；自主开发拥有知识产权的模块化教学平台，实施工单式模块化教学。引入主流平台，上线新技术课程资源，开发虚拟仿真教学资源；发挥党建引领作用，创新建设"德智体美劳创"模块化专业特色思政课程体系，推动课程思政全面覆盖专业核心课程，如表5-1所示。

表 5-1　面向数字现场工程师素质提升的专业特色课程思政模块

综合素质	专项素质				
	1	2	3	4	5
德A	培养自我剖析能力A1	培养积极特质A2	探寻希望和乐观A3	增强沉浸体验A4	培养情商A5
智B	语言基础B1	文化交际B2	资源整合B3	专业学习B4	/
体C	培养体商意识C1	培养运动技能C2	提高身体素质C3	拥有健康体格C4	提高自我健康测量与评价的能力C5
美D	职场形象规范D1	行业礼仪标准D2	工匠精神锤炼D3	审美与人文素养D4	/
劳E	心动志愿E1	眼动观摩E2	脑动创意E3	手动实践E4	口动励志E5
创F	培养创业意识F1	提高创业素质F2	增强创业能力F3	建设创业团队F4	策划创业目标F5

携手腾讯、小米等头部企业，面向"云智融合"新型软件人才培养，创新数字化教材及配套教学资源建设机制。围绕新技术模块，支持不同课程类别的体系化教

材资源开发，校企协同组建"微团队"，开发多类型高职本、专科弹性复用和对接"1+X"职业技能等级证书的云软件开发、人工智能等系列新技术教材，践行"启智润心、因材施教"的育人智慧。全面推广专业群课证融通和工单式模块化教学改革，引领"云智融合"产业发展"强引擎"。建设国家级规划教材22部，获国家级教学成果奖二等奖；获评广东省课程思政示范团队，开发活页式教材及实训指导书共计82部，出版新形态一体化本专科分层共用系列教材21本；教学改革成果被《中国教育报》报道。

4．促进教师能力提升，打造一流国家级职业教育教师教学创新团队

以党建为引领，打造培根铸魂活动品牌，构建"1+2+3+4+5+N"团队组建机制、教师分层分类培养的三层网络机制、教师双师能力和技术服务能力提升的双螺旋机制。紧密对接新技术发展，牵头建设全国AI教学协作共同体，形成创新网络，建成国家级职业教育教师教学创新团队与国家级职业教育"双师型"教师培训基地，持续培养技能大师、教学名师与优秀学者，以精细化师资培养激发团队创新活力。

坚持"言为士则、行为世范"的道德情操。紧密对接知名企业，以课证融通推动精细化人才培养，以党建引领促进教学团队能力提升，以模块化教学重构课程体系。实施内培外引的柔性聘任机制，引进国家级人才和技能大师助推专业建设和团队发展，构建针对教师的纵向精准化、横向精细化的分段递进施培模式，以双螺旋机制提升专任教师服务产业的能力。建成"乐教爱生、甘于奉献"的首批国家级职业教育教师教学创新团队并获评教育部教学团队典型案例。学院有3名国家级人才团队助力发展，并自主培育了一批珠江学者、青年学者、省教学名师、省高职教育领军人才；培养了6位深信名师、学者、优青，青年骨干教师100%获得领军企业高级认证。

5．汇聚龙头企业资源，建设一流"云智融合"协同创新实践教学基地

构建"云智融合"、管理一体化的校内实践教学示范基地，组建"教师企业工作站"并推动教师深入企业参与工作实践，依托园区运营方，以公共服务模式实现高质量实习与就业联动，建设省级示范性校外实践教学基地，形成校外联盟型实践教学基地生态集群效应。

坚持以学生为本，驱动领军企业与专业群共同规划面向产业需求的新技术人才培养方案，充分利用学校周边的科技园区，建设5个联盟型校外实训基地群。联合世界500强企业，汇聚龙头企业资源，以"产业教席"模式引入高水平兼职教师，积极吸引企业在实践教学基地中承担实训平台开发和分工协作模块化授课工作。高质量建设3个特色产业学院，将产业需求全面融入人才培养全过程。完成教育部现代学徒

制项目，建成省级校内实训基地7个，省级校外实训基地5个，校内外实训基地（群）共计19个，实训基地建设达到国际一流水平，可为学生提供"躬耕实践、知行合一"的实践平台。获国家级技能大赛一等奖6项，省级技能大赛一等奖21项。

6．"产、学、研、创、转、用"六位一体，建设领先的人工智能应用研究所

建设国内领先的人工智能应用研究所，建成校级、市级、省级、国家级科研团队与项目申报培育机制；打造"产、学、研、创、转、用"六位一体的软件工程中心，实施"科教融汇"，遴选优秀学生参与新技术项目"技能+创新"培养计划，提升学生的竞赛技能；师生主动服务世界500强企业与区域中小微企业，提供软件类新技术应用开发支持，基于国产硬件平台与开源技术，与知名企业联合开发创新项目和一线产品。

以"勤学笃行、求是创新"的躬耕态度，聚焦前沿理论研究和核心技术攻关，打造"产、学、研、创、转、用"六位一体的综合性技术技能平台，以高水平研发带动高水准产业服务。面向新兴软件产业，建设软件工程中心，抢占"云智融合"发展制高点。建成大数据系统计算技术国家工程实验室产业大数据公共技术服务平台，建成省级科研团队和产教融合创新平台2个、市级工程实验室、区级重点实验室，培养的两名学生获得"深圳市技术能手"称号；主持国家自然科学基金4项、参与省部级纵向研究课题19项、申请纵横向科研经费超过5300万元，产生的经济效益超2亿元；发表SCI/EI等高水平论文66篇，授权发明专利49项，在同类院校中处于领先水平。

7．建标准强服务，构建社会服务生态链

实施符合领军企业认证授权要求的"双师型"师资培训，开展"云创服务"计划服务中小微企业上云；打造职业教育领域首个高等工程师学院，与领军企业共建产业学院；定向帮扶中西部院校，深度参与受援院校的留学生授课、课程建设、教材编写和人才培养方案制订等；围绕高新技术领域开展针对性的师资培训；开设支持线上和线下学习的可视化、信息化普及型课程，结合微专业和模块化教学，构建面向社区公益与非学历教育的新技术培训服务体系。

以"云智融合"人才培养的先行优势，主动为418家中小微企业提供业务上云服务，并因此获腾讯致谢；为公众提供新技术岗位技能培训，常态化开展社区公益教育、技能鉴定和职业培训服务。建设乡村美育基地，长期开展社会实践。构建以标准制订、技术培训、社区教育和精准帮扶为特色的社会服务体系，实现"开放融通、互利共赢"的新局面。获评国家级职业教育"双师型"教师培训基地，参与制订2项国内技术标准，完成社会培训41项，培训全国高职师资3039人次及企业人员1014余人次，助力中小微企业数字化转型，开展各类对外培训11735人次。

8. 突破国际标准制订壁垒，拓展"一带一路"国际合作

通过实施国际化教育培训拓展行动，以输出国产技术为导向，建设国家级"国际中文+新一代信息技术教育实践与研究基地"。联合世界500强企业，与境外机构共同开展新技术培训和"中文+技术"非学历教育培训，实践"国际标准组织指导，国内头部高校推动，本土企业深度参与"的职业教育国际化工作方法，构建"标准制订+资源输出+多元开放"国际办学模式，实施"学生全球视野拓展"计划，形成"高校+企业"携手融入国际职业教育的新局面。

以"胸怀天下、以文化人的弘道追求"为己任，提升专业群开展国际合作办学的基础条件，强化新技术引领下双语师资培养和"国际中文+技能"证书建设，立项国家级"国际中文+新一代信息技术教育实践与研究基地"。开展3个国外合作办学项目，输出11门自主开发的国际化课程、2项专业标准，获得3项国际专利。在国际技能大赛中屡获佳绩，推动深信职教品牌出海。1名教师长期担任万维网联盟（World Wide Web Consortium，简称W3C）的技术顾问与顾问委员会（Advisory Committee，AC）代表，助力中国企业发挥领导作用，突破标准制订壁垒。与巴基斯坦的合作办学项目获得巴方教育部的高度认可，我方深度参与其授课和教材资源建设；向巴基斯坦、泰国、越南、老挝、缅甸等国家输出高质量的教学资源，服务中国企业海外布局战略，响应"一带一路"倡议，争创世界一流。

9. 聚焦头部企业融入大生态，强化专业群持续发展保障机制

实施校企双驱动的"人才培养+新技术推广+赋能生态+产业服务"多元合作机制，构建产教融合协作共同体，以"产教孪生"革新专业人才培养框架，开设新技术专业与专业方向。聚焦头部企业融入大生态，吸引企业持续投入资金、设备、品牌、人员、技术服务和培训授权；通过教师双师能力和技术服务能力提升的双螺旋机制、企业教师AB角制度、下企业实践常态化机制、技术服务激励机制，激发师生参与头部企业技术创新研发热情，推动企业、教师与学生共赢发展。

自立自强，努力在职业教育大有可为的新时代大有作为。以可持续发展为目标，健全专业群动态调整机制，自主开发项目管理平台，实现"事、钱、批、监"一体化，有效保障"双高计划"项目的高效运行。强力保障可持续发展，以标准共建、人才输出、技术与平台推广、联合研发与服务等吸引企业持续投入，筑牢产教融合基座，助力合作企业成为国家高新企业。整体推进"铸魂强师"等系列育人建设工程，本研究团队所在的"双高计划"高水平建设专业群——软件技术专业群连续4年在全国同类专业群中排名第一。携手腾讯打造职业教育领域首个高等工程师学院——腾讯高等工程师学院，培养产业急需的复合型数字现场工程师，软件技术、大数据

技术、嵌入式技术应用专业在"金平果"中国高职院校及专业竞争力排行榜中连续3年排名第一。

通过总结相关职业院校研究经验，结合研究者所在专业群的发展特色及历年模块化教学实践经验，研究者将模块化教学改革的实施领域聚焦在对教学模块组合需求迫切的新技术课程上，结合项目主持人在国家移动应用开发专业课程标准建设过程中采用的职业能力与专项能力分析方法，计划实施基于职业能力分析的模块化教学。

在模块化教学的具体实施方式上，研究者借鉴德国双元制"工作过程"式模块化教学方式，进行工单式模块化教学改革，参照岗位工作任务的流程，在课程开发及教学实施方面采用以工作任务单为载体的教学方式。首先，将企业的实际工作要求通过职业能力分析形成职业能力矩阵，再根据各课程模块对应的能力点将其分解为技能点，然后以工单任务支撑技能点教学，实现课堂教学与职业岗位需求的无缝对接、全覆盖，有针对性地进行强化培养。此外，以工单为评教单元，确保教学质量监控无漏项。

六、 结论

（一）实施基于能力矩阵的模块化教学，教师因材施教能力普遍提高

本研究团队在国家级职业教育教师教学创新团队主课题的支持下，以职业能力标准重构课程体系，创新实施工单式模块化实训教学，系统实施独具特色的工单式模块化实训教学改革。通过职业能力分析建立专业标准，以专业标准重构课程体系。对于课程体系中最接近职业活动的实践类课程，设计覆盖整个职业能力塑造过程的模块化工单，形成系列建设方法和机制，并自主开发工单式教学模块管理系统，打造多场景分工协作的教学团队，进一步根据工单实施模块化教学。

实现专业群中所有实践课程的工单式模块化教学，采用模块化授课方式的课程占所有课程的比例超过42%，有力提升了课程教学成效和人才培养质量。采用工单式分工协作的模块化教学模式，聚焦产业链上与职业岗位高度相关的领域，创新重构"基础知识+平台知识+拓展知识"课程体系。在确保覆盖所有必要职业能力培养的基础上，提炼出科学合理且具备复制性和推广价值的模块化教学方法和模式。本工单式模块化教学实践案例在6个AI协作共同体院校中得到应用实施，并由中国职业技术教育学会作为典型案例在全国进行推广。此外，模块化教学改革带动教师参加教学竞赛并获得省一等奖2项、二等奖4项。在与相关职业院校和多个出版社的沟通中，我们发现模块化教学在专业群的层面能够发挥出更大的作用。它不仅可以指导课程和教材建设，而且能够通过整体规划更好地推动专业人才培养与产业发展同频共振，将世界500强企业及龙头企业吸引到人才培养的全过程中。例如，龙头企业无须在准备一个完整的团队和多套完整的系列资源后再支持专业群的建设，而是可以通过工

单式教学的嵌入，逐步找到合适的着力点与发力点，同步融入人才培养的各个环节。

本研究得到广东省国家级职业教育教师教学创新团队研究课题项目、广东省高职教育教学改革研究与实践项目、深圳信息职业技术大学校级教学改革与实践项目研究的资助，在此一并表示感谢。随着工单式模块化教学的深入实施，本研究在软件技术专业群中产生系列的国家级规划教材成果，以及多门国家级精品课程。目前已经建设57门新技术课程和49本新技术教材，在此过程中，各个课程和教材建设的主持人都明确自身建设的目标与任务，有效地避免重复建设，形成相互支撑的高技能人才培养的梯队建设。此外，本研究团队还与国家开放大学出版社规划软件技术、人工智能技术应用专业课程体系创新教材30部；与人民邮电出版社围绕知识图谱系统地推动数字教材的体系化建设形成进一步合作；与智慧树平台共建新形态人工智能技术应用教学资源库，并上线模块化教学示范课程"HTML5跨平台开发基础"，研究团队所在专业群与喀什职业技术学院等西部院校联合开展"职教西行"——新形态（AI）教研西行试点"新形态人工智能技术应用专业资源库"行动，通过共享课程资源，助力西部教育发展，提升西部教育教学质量。

（二）面向数字现场工程师培养的工单式模块化教学改革前景广阔

职业教育工单式模块化教学改革的发展前景广阔。

（1）提升教学质量和学生的就业竞争力。模块化教学改革可以更好地满足不同学生的学习需求，帮助他们实现职业发展目标。模块化教学可以更快地响应行业的变化和需求，及时更新课程内容，使学生能够学习最新的技术和知识，紧跟行业的发展趋势。学生通过模块化教学获得的知识和技能更具实用性和时效性，同时通过模块化的教学设计，学生可以选择和组合符合自己兴趣和能力的模块，提升学习效果和技能水平。

（2）促进产业与教育的紧密结合。模块化教学改革鼓励产业界与教育机构合作，以实现教学内容与实际职业需求的更好对接。产业界可以参与教学内容的设计和实施，为学生提供实践机会和行业导向的培训。这种紧密结合有助于培养符合市场需求的人才，提高职业教育的实用性和职业院校学生的就业率。

（3）知识图谱与模块化教学的相互促进与发展。随着科技的不断发展，模块化教学改革可以借助新技术和新教学工具来提升教学效果。例如，VR、AR和在线学习平台等可以为学生提供更丰富的学习体验和实践机会。随着技术的不断发展，知识图谱在模块化教学中的应用前景广阔。

① 智能化教学设计。基于知识图谱的智能化教学设计系统将会得到进一步发展。系统可以根据学科知识的结构和关系，自动生成符合模块化教学原则的教学设计方案，为教师提供更加智能化的教学支持。

② 自适应学习路径。知识图谱可以用于构建学生的学习路径模型，并根据学生的学习情况和需求自动调整学习路径，为学生提供个性化的学习推荐和指导。学生可以根据自己的学习进度和兴趣，选择适合自己的学习模块，以获得更加个性化的学习体验。

③ 多模态学习支持。知识图谱可以整合多种学习资源和多模态的学习内容，如文字、图像、视频等，为学生提供更加丰富和多样化的学习材料。学生可以通过知识图谱进行跨模态的学习导航和资源检索，提高学习的效果和趣味性。

④ 协作与共享。知识图谱可以促进教师之间的协作与共享。教师可以共同构建和维护知识图谱，分享教学资源和经验，共同完善模块化教学的内容和方法。同时，学生也可以通过知识图谱进行交流和合作，促进互动和共同学习。

⑤ 对个性化学习和终身学习的推动。模块化教学改革强调学生的个性化学习和自主选择。学生可以根据自己的兴趣和需求选择合适的模块进行学习，构建个性化的职业发展路径。此外，模块化教学改革也能促进学生形成终身学习的理念，使学生能够不断更新和补充自己的技能和知识。

知识图谱生态需由监管引导方、供给方、需求方、投资方、高校及科研院所融合共建，汇聚建设合力，促进产业生态成长壮大。各方相互提供资源支持，促成政策、人才、技术、资本、市场、商业的交互，共同收获产业发展价值，实现价值创造与价值分配的有机结合，形成共生共赢的合作体系，推动产业不断向前发展。

（4）促进国际合作与交流。通过与国外教育机构的合作，职业院校可以引进先进的教学理念和实践经验，丰富教学资源和课程内容。这有助于提高职业教育的国际竞争力和吸引力。

本工单式模块化教学改革目前只在实践课和人才培养特色班的核心课中实施，尚未涉及其他理实一体化课程。这主要是由于模块化教学需要多位教师协同参与，而当前的师资力量难以支撑所有课程的模块化教学，这一情况也进一步明确了模块化教学改革下一步工作的重点。同时，工单式模块化教学对教师的教育理论素养提出了很高的要求：教师要具备"双师"能力，能够将任务分解为可以操作的细化工单；教师要善于向其他教师学习，并能够利用各类教育资源、灵活转换企业资源来实现预期教育目标；教师能够根据教学评价动态把握学情，及时调整并丰富模块内的工单资源；教师切实做到因材施教，支持学生个性化的发展方案。未来，专业群将进一步优化模块化教学机制，继续更新工单式模块化教学系统，统筹规划教师团队与课程群的匹配，合理配置资源，强化教师间的协同，逐步扩大模块化教学的覆盖面。职业教育模块化教学改革拥有广阔的未来发展前景。提升教学质量和学生的就业竞争力、促进产业与教育的紧密结合、知识图谱与模块化教学的相互促进与发展，以及促进国际合作与交流，可以实现职业教育的持续发展，使其更好地适应未来社会的需求。

附录
工单式模块化教学
改革实施示例

（一）职业能力分析示例——AI应用开发专业

表1 AI应用开发专业职业能力分析表

综合能力	专项能力				
	1	2	3	4	5
搭建AI计算环境A	使用LinuxA1	配置虚拟化环境A2	安装AI软件包A3	配置GPU A4	使用云计算平台A5
设计模型B	需求分析B1	体验分析B2	数据采集B3	数据标注B4	编写模型设计报告B5
分析获取的数据并进行可视化处理C	理解数据形式化表达C1	编写调试程序C2	使用数据处理工具生成数据集C3	使用数据分析工具C4	使用数据可视化工具进行表达C5
机器学习框架D	数据导入D1	搭建学习模型D2	训练数据集D3	评估学习模型D4	使用模型进行预测D5
应用深度学习模型E	使用非监督学习模型E1	使用监督学习模型E2	深度学习网络搭建E3	根据应用优化模型E4	应用分布式计算提升网络运算速度E5
应用部署验证F	实现部署安装环境F1	记录验证过程中系统出现的问题F2	调试程序环境跟踪问题F3	编写用户使用手册F4	撰写验证报告F5

表 2 专项能力解析

能力目标	使用Linux		编号	A1
具体描述	子能力分析：1. Linux操作系统安装能力 2. Linux操作系统维护能力 3. Linux软件安装、升级、卸载能力 4. Linux操作系统编程能力 5. 解决Linux操作系统常见问题的能力			
步骤	1. 安装Linux操作系统			
	2. 维护Linux操作系统的日常运行			
	3. 安装、升级、卸载Linux软件			
	4. 对Linux操作系统进行编程，自动化运维系统			
	5. 解决常见的Linux服务器问题，保证服务器正常运行			
工具与设备	1. Linux服务器			
	2. 互联网环境			
知识基础	1. Linux操作系统安装、维护知识			
	2. Linux软件安装原理			
素质	1. 认真、严谨、细致、有责任心			
	2. 具备团队精神与合作意识			
	3. 自学能力强			
考核标准	1. 能够熟练完成Linux操作系统的安装与配置			
	2. 能够解决Linux操作系统的常见问题			
能力目标	配置虚拟化环境		编号	A2
具体描述	子能力分析：1. 虚拟化软件安装能力 2. 虚拟系统安装能力 3. 设置网络的能力 4. 配置所需软件的能力			
步骤	1. 在系统上安装虚拟化软件，软件能够正常使用			
	2. 在虚拟化环境中安装所需的操作系统			
	3. 设置虚拟化环境的网络			
	4. 解决常见的系统和网络问题			
	5. 在虚拟化环境中安装、配置所需软件			
工具与设备	1. Linux服务器			
	2. 互联网环境			
	3. 虚拟化软件			

续表

能力目标	配置虚拟化环境	编号	A2
知识基础	1. Linux操作系统安装、维护知识		
	2. Linux软件安装原理		
	3. 虚拟机使用		
素质	1. 认真、严谨、细致、有责任心		
	2. 具备团队精神与合作意识		
	3. 自学能力强		
考核标准	1. 能够在系统上安装虚拟化软件		
	2. 能够在虚拟化环境中安装所需的操作系统		
	3. 能够设置虚拟化环境的网络		
	4. 能够解决常见的系统和网络问题		
	5. 能够在虚拟化环境中安装、配置所需软件		
能力目标	安装AI软件包	编号	A3
具体描述	子能力分析：1. 安装Python的能力 2. 配置操作系统环境的能力 3. 使用pip安装AI软件的能力 4. 配置AI软件的能力		
步骤	1. 在Linux操作系统中安装Python		
	2. 配置操作系统环境		
	3. 使用pip安装所需AI软件		
	4. 配置AI软件		
工具与设备	1. Linux服务器		
	2. 互联网环境		
	3. 虚拟化软件		
知识基础	1. Linux操作系统安装、维护知识		
	2. Linux软件安装原理		
	3. 虚拟机使用		
素质	1. 认真、严谨、细致、有责任心		
	2. 具备团队精神与合作意识		
	3. 耐心与客户沟通		
	4. 确定问题的可解决程度并及时与领导沟通		

续表

能力 目标	安装AI软件包	编号	A3
考核 标准	1. 能够在Linux操作系统中安装Python		
	2. 能够配置操作系统环境		
	3. 能够使用pip安装所需AI软件		
	4. 能够配置AI软件		
能力 目标	配置GPU	编号	A4
具体 描述	子能力分析：1. 安装GPU驱动的能力 2. 设置系统环境变量的能力 3. 调用GPU资源的能力		
步骤	1. 在Linux操作系统中安装GPU驱动		
	2. 设置Linux操作系统环境变量		
	3. 在机器学习代码中调用GPU资源		
工具与 设备	1. Linux服务器		
	2. 互联网环境		
	3. 虚拟化软件		
知识 基础	1. Linux操作系统安装、维护知识		
	2. Linux操作系统软件安装原理		
	3. 虚拟机使用		
素质	1. 认真、严谨、细致、有责任心		
	2. 具备团队精神与合作意识		
	3. 耐心与客户沟通		
	4. 确定问题的可解决程度并及时与领导沟通		
考核 标准	1. 能够在Linux操作系统中安装GPU驱动		
	2. 能够设置Linux操作系统环境变量		
	3. 能够在机器学习代码中调用GPU资源		
能力 目标	使用云计算平台	编号	A5
具体 描述	子能力分析：1. 配置云计算平台的能力 2. 调用云计算平台计算资源的能力 3. 处理常见的云计算平台故障的能力		
步骤	1. 为机器学习模型配置云计算平台环境		
	2. 调用云计算平台计算资源进行机器学习		
	3. 处理常见的云计算平台故障		

续表

能力 目标	使用云计算平台	编号	A5
工具与 设备	1. Linux服务器		
	2. 互联网环境		
	3. 虚拟化软件		
知识 基础	1. Linux操作系统安装、维护知识		
	2. Linux软件安装原理		
	3. 虚拟机使用		
素质	1. 认真、严谨、细致、有责任心		
	2. 具备团队精神与合作意识		
	3. 耐心与客户沟通		
	4. 确定问题的可解决程度并及时与领导沟通		
考核 标准	1. 能够为机器学习模型配置云计算平台环境		
	2. 能够调用云计算平台计算资源进行机器学习		
	3. 能够处理常见的云计算平台故障		
能力 目标	需求分析	编号	B1
具体 描述	子能力分析：1. 与客户进行有效沟通的能力 2. 收集客户初始需求并进行体验分析的能力 3. 将客户的形象表述分解为以行业术语表述的功能模块的能力 4. 以图、表、文的形式编制符合行业标准的产品需求分析文档的能力		
步骤	1. 与客户进行充分沟通，在尊重客户意愿的前提下，以客户可接受的态度对客户进行合理引导		
	2. 按照行业标准列出产品需求分析文档的提纲目录		
	3. 在体验的基础上将客户对产品功能的形象表述转换为系统结构图，并给出文字说明		
	4. 绘制主要功能模块的界面示意图，并给出文字形式的功能说明		
	5. 根据用户对功能模块的需求的紧迫程度，标出功能模块实现的先后顺序		
	6. 按照行业标准完善产品需求分析文档		
工具与 设备	1. 终端设备		
	2. Windows 7/8/10、macOS，浏览器		
	3. Word、Visio		
	4. 可访问互联网的环境、WiFi		
知识 基础	1. 办公软件的使用		
	2. 产品需求分析文档的标准格式		
	3. 客户的行业背景知识		

续表

能力目标	需求分析	编号	B1
素质	1. 认真、严谨、细致、有责任心		
	2. 具备团队精神与合作意识		
	3. 耐心与客户沟通		
	4. 确定问题的可解决程度并及时与领导沟通		
考核标准	1. 能够准确领会客户需求，并进行合理的功能模块拆解		
	2. 熟练使用Visio绘制图形		
	3. 熟悉产品需求分析文档的标准格式		
	4. 具有良好的专业术语表达能力		
	5. 能够以文字、图表、数据流图等形式形成书面报告		
	6. 熟练使用Word等主流文档工具的样式、目录结构等常用排版功能进行排版		
能力目标	体验分析	编号	B2
具体描述	子能力分析：1. 进行用户研究，分析用户的使用习惯、情感和体验需求的能力 2. 开展用户测试，调查产品的交互体验的能力 3. 开展用户测试，调查产品的感知体验的能力 4. 开展用户测试，调查产品的信息架构体验的能力 5. 进行信息整合，撰写调查报告和产品分析报告并总结问题的能力		
步骤	1. 列提纲，根据产品目前的市场定位和运营状况（优势和劣势），确定分析顺序和侧重点		
	2. 按照概览、需求分析、市场状况、产品结构图、差异化分析、用户意见摘抄等环节进行分析，其中每个环节都按照现状—总结—提炼—建议的顺序进行描述		
	3. 开展用户测试，调查产品的交互体验		
	4. 开展用户测试，调查产品的感知体验		
	5. 开展用户测试，调查产品的信息架构体验		
工具与设备	1. 终端设备		
	2. Windows 7/8/10、macOS，浏览器		
	3. Word、Photoshop		
	4. 可访问互联网的环境、WiFi		
知识基础	1. Photoshop使用		
	2. 办公软件使用		
素质	1. 认真、严谨、细致、有责任心		
	2. 具备团队精神与合作意识		
	3. 具备自学能力		

续表

能力目标	体验分析	编号	B2
考核标准	1. 从目标用户、功能差异等角度分析竞品之间的关系		
	2. 从产品的UI、交互细节等方面入手进行分析（是否逻辑通顺、是否言之有理、是否突出重点等），避免细节陈述		
	3. 能够撰写体验分析报告		
能力目标	数据采集	编号	B3
具体描述	子能力分析：1. 编写、调试和运行数据采集程序的能力 2. 根据采集数据时出现的问题提出有效的应对策略的能力 3. 整理、校验和维护数据的能力 4. 分析相关数据之间的逻辑合理性的能力		
步骤	1. 获取采集数据所需的目标网址，并向服务器发送请求		
	2. 获取服务器响应内容		
	3. 解析响应内容并提取数据		
	4. 对数据进行整理		
	5. 保存数据，可以存为文本，也可以保存至数据库，或者保存为特定格式的文件		
工具与设备	1. 终端设备		
	2. Windows 7/8/10、macOS，浏览器		
	3. 各种主流跨平台集成开发环境（Eclipse、PyCharm等）		
	4. 主流数据库软件（MySQL、SQL Server等）		
	5. 可访问互联网的环境、WiFi		
知识基础	1. 前端基础知识		
	2. 网络爬虫知识		
	3. 数据库		
素质	1. 认真、严谨、细致、有责任心		
	2. 具备团队精神与合作意识		
	3. 确定问题的可解决程度并及时与领导沟通		
	4. 具备自学能力		
考核标准	1. 掌握数据采集程序编写技术		
	2. 掌握网页内容解析技术		
	3. 掌握网页内容提取技术		
	4. 掌握数据保存技术		

续表

能力目标	数据标注		编号	B4
具体描述	子能力分析：1. 使用数据标注工具的能力 2. 对数据进行整理、分类的能力 3. 对数据进行标记、统计的能力 4. 学习标注规则，依据规则进行工作的能力 5. 总结标注经验，并提供标注工具的改进建议的能力			
步骤	1. 确定标注标准、形式、工具，设置标注样例、模板 2. 根据标注规则，对文本、语音、图像等数据内容进行标注 3. 迭代改进各项标注、评测任务的标准和规范 4. 对标注数据进行总结、分析，提供标注工具的改进建议			
工具与设备	1. 终端设备 2. Windows 7/8/10、macOS，浏览器 3. 数据标注工具 4. 可访问互联网的环境、WiFi			
知识基础	1. 数据标注工具知识 2. 数据库知识			
素质	1. 认真、严谨、细致、有责任心 2. 具备团队精神与合作意识 3. 确定问题的可解决程度并及时与领导沟通 4. 具备自学能力			
考核标准	1. 掌握使用数据标注工具的能力 2. 掌握设置标注样例、模板的技术 3. 掌握根据标注规则标注数据内容的技术 4. 掌握迭代改进标注的技术			
能力目标	编写模型设计报告		编号	B5
具体描述	子能力分析：1. 撰写模型设计报告的能力 2. 设计和优化模型的能力 3. 指出模型设计中存在问题的能力 4. 撰写模型设计中问题解决方案的能力			
步骤	1. 按照行业标准列出模型设计报告的提纲目录 2. 以文字形式清晰地表述模型设计的目标 3. 以文字、表格、图画等形式清晰地表述模型设计内容 4. 以文字、表格、图画等形式清晰地表述模型使用说明			

能力目标	编写模型设计报告	编号	B5
步骤	5. 以文字形式对模型设计进行总结		
	6. 按照行业标准完善模型设计报告		
工具与设备	1. 终端设备		
	2. Windows 7/8/10、macOS，浏览器		
	3. Word		
	4. 可访问互联网的环境、WiFi		
知识基础	1. 办公软件的使用		
	2. 模型设计报告的标准格式		
	3. 模型设计基本流程		
素质	1. 认真、严谨、细致、有责任心		
	2. 具备团队精神与合作意识		
	3. 确定问题的可解决程度并及时与领导沟通		
考核标准	1. 模型设计合理		
	2. 熟悉模型设计报告的标准格式		
	3. 具有良好的专业术语表达能力		
能力目标	理解数据形式化表达	编号	C1
具体描述	子能力分析：1. 基于概率统计分析问题、建立模型的能力 2. 将问题用矩阵、向量等进行形式化表达的能力 3. 对矩阵、向量进行处理的能力 4. 用插值、拟合、矩阵运算等数值方法求解的能力		
步骤	1. 基于概率统计分析问题、建立模型		
	2. 将问题用矩阵、向量等进行形式化表达		
	3. 对矩阵、向量进行处理		
	4. 用插值、拟合、矩阵运算等数值方法求解		
工具与设备	1. 终端设备		
	2. Windows 7/8/10、macOS		
	3. Python开发环境		
	4. 有线或无线互联网环境		
知识基础	1. 线性代数		
	2. 概率论		
	3. 数值分析		

续表

能力目标	理解数据形式化表达	编号	C1
素质	1. 认真、严谨、细致、有责任心		
	2. 具备团队精神与合作意识		
	3. 耐心与客户沟通		
	4. 确定问题的可解决程度并及时与领导沟通		
考核标准	1. 能够基于概率统计分析问题、建立模型		
	2. 能够将问题用矩阵、向量等进行形式化表达		
	3. 能够对矩阵、向量进行处理		
	4. 能够用插值、拟合、矩阵运算等数值方法求解		
能力目标	编写调试程序	编号	C2
具体描述	子能力分析：1. 根据程序流程图设计代码的编写逻辑的能力 2. 在编写代码的过程中，熟练使用基本语法、数据结构、算法、API的能力 3. 划分与整合代码模块的能力		
步骤	1. 根据程序流程图设计代码的编写逻辑，划分代码模块		
	2. 使用基本语法编写程序代码		
	3. 使用基本数据结构解决程序数据存储、传递等问题		
	4. 使用基本算法解决程序逻辑问题		
	5. 在编写代码的过程中有效使用API		
	6. 使用接口、参数控制有效整合多个代码模块		
工具与设备	1. 终端设备		
	2. Windows 7/8/10、macOS		
	3. Python开发环境		
	4. 有线或无线互联网环境		
知识基础	1. 程序流程图		
	2. 基本语法		
	3. 基本数据结构		
	4. 基本算法		
	5. API调用		
素质	1. 认真、严谨、细致、有责任心		
	2. 具备团队精神与合作意识		
	3. 耐心与客户沟通		
	4. 确定问题的可解决程度并及时与领导沟通		

续表

能力目标	编写调试程序	编号	C2
考核标准	1. 能够根据程序流程图设计代码的编写逻辑，划分代码模块		
	2. 能够使用基本语法编写程序代码		
	3. 能够使用基本数据结构解决程序数据存储、传递等问题		
	4. 能够使用基本算法解决程序逻辑问题		
	5. 能够在编写代码的过程中有效使用API		
	6. 能够使用接口、参数控制有效整合多个代码模块		
能力目标	使用数据处理工具生成数据集	编号	C3
具体描述	子能力分析：1. 根据需求设计恰当的数据格式的能力 2. 使用工具对数据进行标定的能力 3. 使用工具分析、处理缺失值和异常值的能力 4. 使用工具分析数据质量的能力 5. 使用工具规整化数据的能力		
步骤	1. 根据需求设计恰当的数据格式		
	2. 使用工具对数据进行标定		
	3. 使用工具分析、处理缺失值和异常值		
	4. 使用工具分析数据质量		
	5. 使用工具规整化数据		
工具与设备	1. 终端设备		
	2. Windows 7/8/10、macOS		
	3. Python开发环境，包含NumPy、Pandas数据分析包		
	4. 有线或无线互联网环境		
知识基础	1. 编程基础		
	2. NumPy、Pandas数据分析包		
	3. 调用API的方法		
素质	1. 认真、严谨、细致、有责任心		
	2. 具备团队精神与合作意识		
	3. 耐心与客户沟通		
	4. 确定问题的可解决程度并及时与领导沟通		
考核标准	1. 能够根据需求设计恰当的数据格式		
	2. 能够使用工具对数据进行标定		
	3. 能够使用工具分析、处理缺失值和异常值		

能力目标	使用数据处理工具生成数据集	编号	C3
考核标准	4. 能够使用工具分析数据质量		
	5. 能够使用工具规整化数据		
能力目标	使用数据分析工具	编号	C4
具体描述	子能力分析：1. 根据需求设计数据分析方案的能力		
	2. 撰写数据分析方案的能力		
	3. 使用NumPy编写程序进行数据分析的能力		
	4. 使用Pandas编写程序进行数据分析的能力		
	5. 撰写数据分析报告的能力		
步骤	1. 根据应用场景设计恰当的数据分析方案		
	2. 撰写数据分析方案		
	3. 使用NumPy和Pandas数据分析包开发程序进行数据分析		
	4. 撰写数据分析报告		
工具与设备	1. 终端设备		
	2. Windows 7/8/10、macOS		
	3. Python开发环境，包含NumPy、Pandas数据分析包		
	4. 有线或无线互联网环境		
知识基础	1. 编程基础		
	2. NumPy、Pandas数据分析包		
	3. 调用API的方法		
素质	1. 认真、严谨、细致、有责任心		
	2. 具备团队精神与合作意识		
	3. 耐心与客户沟通		
	4. 确定问题的可解决程度并及时与领导沟通		
考核标准	1. 能够根据应用场景设计恰当的数据分析方案		
	2. 能够撰写数据分析方案		
	3. 能够使用NumPy数据分析包开发程序进行数据分析		
	4. 能够使用Pandas数据分析包开发程序进行数据分析		
	5. 能够撰写数据分析报告		
能力目标	使用数据可视化工具进行表达	编号	C5
具体描述	子能力分析：1. 根据需求选择恰当的数据可视化形式表达问题的能力		
	2. 设计数据可视化形式的能力，如UI、数据轴等		

续表

能力目标	使用数据可视化工具进行表达	编号	C5
具体描述	3. 使用Python程序包实现数据可视化的能力 4. 合理描述可视化数据图表的能力		
步骤	1. 根据需求选择恰当的数据可视化形式		
	2. 根据需求设计数据可视化形式，如UI、数据轴等		
	3. 使用Python程序包实现数据可视化		
	4. 合理描述可视化数据图表		
工具与设备	1. 终端设备		
	2. Windows 7/8/10、macOS		
	3. Python开发环境，包含Matplotlib、Seaborn等绘图包		
	4. 有线或无线互联网环境		
知识基础	1. 编程基础		
	2. UI设计规则，用计算思维解决问题的方法等		
	3. 调用API的方法		
素质	1. 认真、严谨、细致、有责任心		
	2. 具备团队精神与合作意识		
	3. 耐心与客户沟通		
	4. 确定问题的可解决程度并及时与领导沟通		
考核标准	1. 能够根据需求选择恰当的数据可视化形式		
	2. 能够根据需求设计数据可视化形式，如UI、数据轴等		
	3. 能够使用Python程序包实现数据可视化		
	4. 能够合理描述可视化数据图表		
能力目标	数据导入	编号	D1
具体描述	子能力分析：1. 对不同类型的数据进行互相转换的能力 2. 对数据的维数进行变换的能力 3. 进行feature数据的预处理的能力 4. 进行label数据的预处理的能力		
步骤	1. 对数据的类型进行分类		
	2. 将数据分为训练数据和测试数据		
	3. 对训练数据进行维度变换		
	4. 将数据转换成浮点模式		
	5. 对数据进行归一化处理		

续表

能力目标	数据导入		编号	D1
步骤	6. 对输出数据进行One-Hot Encoding转换			
工具与设备	1. 终端设备			
	2. Windiws 7/8/10、macOS、Linux			
	3. Python开发环境			
	4. NumPy/Pandas/Keras/TensorFlow模块			
	5. 可访问互联网的环境、WiFi			
知识基础	1. Python程序设计			
	2. Python数据分析			
	3. 数字图像相关知识			
素质	1. 认真、严谨、细致、有责任心			
	2. 具备团队精神与合作意识			
	3. 确定问题的可解决程度并及时与领导沟通			
考核标准	1. 能够对feature数据进行正确的预处理			
	2. 熟练使用NumPy模块			
	3. 能够对label数据进行正确的One-Hot Encoding预处理			
	4. 具有良好的专业术语表达能力			
	5. 能够以文字、图表、数据流图等形式形成书面报告			
	6. 熟练使用Word等主流文档工具的样式、目录结构等常用排版功能进行排版			
能力目标	搭建学习模型		编号	D2
具体描述	子能力分析：1. 对输入数据特征进行分析，了解搭建模型的规模的能力 2. 使用程序搭建多层感知器模型的能力 3. 设计输入层与隐藏层内容并将其纳入模型的能力 4. 设计输出层内容并将其纳入模型的能力 5. 查看模型的摘要的能力			
步骤	1. 分析模型规模			
	2. 导入所需模型			
	3. 建立输入层与隐藏层			
	4. 建立输出层			
	5. 查看模型的摘要			
工具与设备	1. 终端设备			
	2. Windows 7/8/10、macOS、Linux			

能力目标	搭建学习模型	编号	D2
工具与设备	3. Python开发环境		
	4. Pandas/Keras/TensorFlow模块		
	5. 可访问互联网的环境、WiFi		
知识基础	1. Python程序设计		
	2. Python数据分析		
	3. 神经网络基础知识		
素质	1. 认真、严谨、细致、有责任心		
	2. 具备团队精神与合作意识		
	3. 确定问题的可解决程度并及时与领导沟通		
考核标准	1. 能够正确导入所需模型		
	2. 能够正确建立输入层与隐藏层		
	3. 能够正确建立输出层		
	4. 能够正确查看模型的摘要并理解摘要内容		
能力目标	训练数据集	编号	D3
具体描述	子能力分析：1. 根据实际需要定义训练方式的能力 2. 根据实际需要设置训练参数的能力 3. 启动训练的能力 4. 显示训练过程的能力 5. 绘制准确率执行结果的能力		
步骤	1. 定义训练方式		
	2. 设置训练参数		
	3. 开始训练		
	4. 显示训练过程		
	5. 绘制准确率执行结果		
工具与设备	1. 终端设备		
	2. Windows 7/8/10、macOS、Linux		
	3. Python开发环境		
	4. Pandas/Keras/TensorFlow/Matplotlib模块		
	5. 可访问互联网的环境、WiFi		

续表

能力 目标	训练数据集	编号	D3
知识 基础	1. Python程序设计		
	2. Python数据分析与可视化		
	3. 神经网络基础知识		
素质	1. 认真、严谨、细致、有责任心		
	2. 具备团队精神与合作意识		
	3. 确定问题的可解决程度并及时与领导沟通		
	4. 具备自学能力		
考核 标准	1. 掌握训练方式的定义		
	2. 掌握训练参数的定义		
	3. 能够启动训练		
	4. 能够显示训练过程并绘制准确率曲线		
能力 目标	评估学习模型	编号	D4
具体 描述	子能力分析：1. 导入测试数据的能力 2. 启动测试模型的能力 3. 对测试结果与实际label进行对比的能力 4. 计算实际测试结果的准确率的能力		
步骤	1. 导入测试数据，包括输入测试集与输出验证集		
	2. 启动测试模型		
	3. 显示测试结果		
工具与 设备	1. 终端设备		
	2. Windows 7/8/10、macOS、Linux		
	3. Python开发环境		
	4. Pandas/Keras/TensorFlow模块		
	5. 互联网环境、WiFi		
知识 基础	1. Python程序设计		
	2. Python数据分析		
	3. 神经网络基础知识		
素质	1. 认真、严谨、细致、有责任心		
	2. 具备团队精神与合作意识		
	3. 确定问题的可解决程度并及时与领导沟通		
	4. 具备自学能力		

能力目标	评估学习模型		编号	D4
考核标准	1. 能够正确地导入测试数据集			
	2. 能够启动测试模型			
	3. 能够清晰地评估模型准确率			
能力目标	使用模型进行预测		编号	D5
具体描述	子能力分析：1. 导入预测数据的能力 2. 调用预测模型的能力 3. 启动预测模型的能力 4. 显示预测结果的能力			
步骤	1. 导入预测数据			
	2. 调用预测模型			
	3. 启动预测模型			
	4. 显示预测结果			
工具与设备	1. 终端设备			
	2. Windows 7/8/10、macOS、Linux			
	3. Python开发环境			
	4. Pandas/Keras/TensorFlow模块			
	5. 互联网环境、WiFi			
知识基础	1. Python程序设计			
	2. Python数据分析			
	3. 神经网络基础知识			
素质	1. 认真、严谨、细致、有责任心			
	2. 具备团队精神与合作意识			
	3. 确定问题的可解决程度并及时与领导沟通			
考核标准	1. 能够正确导入预测数据			
	2. 能够正确使用预测模型			
	3. 能够显示预测结果			
能力目标	使用非监督学习模型		编号	E1
具体描述	子能力分析：1. 非监督学习模型的适用性分析（了解非监督学习模型的特点，能够根据具体问题分析是否采用非监督学习模型）的能力 2. 非监督学习模型设计（了解多种非监督学习模型，根据具体问题及多种非监督学习模型的特点，选择合适的非监督学习模型）的能力 3. 非监督学习数据整理（根据具体问题及具体非监督学习模型进行数据采集和规范化）的能力			

续表

能力 目标	使用非监督学习模型	编号	E1
具体 描述	4. 代码编写（根据具体问题及具体非监督学习模型进行编程）的能力		
步骤	1. 根据具体问题分析是否采用非监督学习模型		
	2. 根据具体问题及多种非监督学习模型的特点，选择合适的非监督学习模型		
	3. 根据具体问题及具体非监督学习模型进行数据采集和规范化		
	4. 根据具体问题及具体非监督学习模型进行编程		
工具与 设备	1. 终端设备		
	2. Windows 7/8/10、macOS、Linux		
知识 基础	1. 非监督学习模型特点		
	2. 不同类型的非监督学习模型		
	3. 非监督学习数据采集及规范化		
	4. 编写非监督学习模型代码		
素质	1. 认真、严谨、细致、有责任心		
	2. 具备团队精神与合作意识		
	3. 严格遵守代码编写规范，耐心编写代码		
	4. 能独立确定问题的可解决程度，并积极寻找解决方案		
考核 标准	1. 能够进行非监督学习模型的适用性分析		
	2. 能够根据具体问题选择合适的非监督学习模型		
	3. 能够进行非监督学习数据采集及规范化		
	4. 能够编写非监督学习模型代码		
能力 目标	使用监督学习模型	编号	E2
具体 描述	子能力分析：1. 监督学习模型的适用性分析（了解监督学习模型的特点，能够根据具体问题分析是否采用监督学习模型）的能力 2. 监督学习模型设计（了解多种监督学习模型，根据具体问题及多种监督学习模型的特点，选择合适的监督学习模型）的能力 3. 监督学习数据整理（根据具体问题及具体监督学习模型进行数据采集和规范化）的能力 4. 代码编写（根据具体问题及具体监督学习模型进行编程）的能力		
步骤	1. 根据具体问题分析是否采用监督学习模型		
	2. 根据具体问题及多种监督学习模型的特点，选择合适的监督学习模型		
	3. 根据具体问题及具体监督学习模型进行数据采集和规范化		
	4. 根据具体问题及具体监督学习模型进行编程		

能力目标	使用监督学习模型	编号	E2
工具与设备	1. 终端设备		
	2. Windows 7/8/10、macOS、Linux		
知识基础	1. 监督学习模型的特点		
	2. 不同类型的监督学习模型		
	3. 监督学习数据采集及规范化		
	4. 编写监督学习模型代码		
素质	1. 认真、严谨、细致、有责任心		
	2. 具备团队精神与合作意识		
	3. 严格遵守代码编写规范，耐心编写代码		
	4. 能独立确定问题的可解决程度，并积极寻找解决方案		
考核标准	1. 能够进行监督学习模型的适用性分析		
	2. 能够根据具体问题选择合适的监督学习模型		
	3. 能够进行监督学习数据采集及规范化		
	4. 能够编写监督学习模型代码		
能力目标	深度学习模型搭建	编号	E3
具体描述	子能力分析：1. 深度学习模型的适用性分析（了解深度学习模型的特点，能够根据具体问题分析是否采用深度学习模型）的能力 2. 深度学习模型设计（了解多种深度学习模型，根据具体问题及多种深度学习模型的特点，选择合适的深度学习模型）的能力 3. 深度学习数据整理（根据具体问题及具体深度学习模型进行数据采集和规范化）的能力 4. 代码编写（根据具体问题及具体深度学习模型进行编程）的能力		
步骤	1. 根据具体问题分析是否采用深度学习模型		
	2. 根据具体问题及多种深度学习模型的特点，选择合适的深度学习模型		
	3. 根据具体问题及具体深度学习模型进行数据采集和规范化		
	4. 根据具体问题及具体深度学习模型进行编程		
工具与设备	1. 终端设备		
	2. Windows 7/8/10、macOS、Linux		
知识基础	1. 深度学习模型的特点		
	2. 不同类型的深度学习模型		
	3. 深度学习数据采集及规范化		
	4. 编写深度学习模型代码		

续表

能力目标	深度学习模型搭建	编号	E3
素质	1. 认真、严谨、细致、有责任心		
	2. 具备团队精神与合作意识		
	3. 严格遵守代码编写规范，耐心编写代码		
	4. 能独立确定问题的可解决程度，并积极寻找解决方案		
考核标准	1. 能够进行深度学习模型的适用性分析		
	2. 能够根据具体问题选择合适的深度学习模型		
	3. 能够进行深度学习数据采集及规范化		
	4. 能够编写深度学习模型代码		
能力目标	根据应用优化模型	编号	E4
具体描述	子能力分析：1. 模型性能验证性实验（根据具体问题，使用现有数据对具体模型进行验证性实验）的能力 2. 参数调优（根据实验结果，调整参数，优化性能）的能力 3. 增强学习（根据实验结果，增加训练样本或删减训练样本，优化性能）的能力 4. 代码编写（通过编程实现模型的优化）的能力		
步骤	1. 根据具体问题，使用现有数据对具体模型进行验证性实验		
	2. 根据实验结果，调整参数，优化性能		
	3. 根据实验结果，增加训练样本或删减训练样本，优化性能		
	4. 编程实现模型的优化		
工具与设备	1. 终端设备		
	2. Windows 7/8/10、macOS、Linux		
知识基础	1. 深度学习模型进行验证性实验		
	2. 深度学习模型参数调优		
	3. 深度学习模型增强学习		
	4. 编写深度学习模型，根据任务目标优化代码		
素质	1. 认真、严谨、细致、有责任心		
	2. 具备团队精神与合作意识		
	3. 严格遵守代码编写规范，耐心编写代码		
	4. 能独立确定问题的可解决程度，并积极寻找解决方案		
考核标准	1. 能够对深度学习模型进行验证性实验		
	2. 能够进行深度学习模型参数调优		
	3. 能够进行深度学习模型增强学习		
	4. 能够编程实现深度学习模型的优化		

能力目标	应用分布式计算提升网络运算速度	编号	E5
具体描述	子能力分析：1. 多GPU分布式计算（根据具体硬件环境，在多个GPU之间分配并行网络计算任务）的能力 2. 多机站分布式计算（根据具体硬件环境，实现跨多个节点的网络计算平衡）的能力 3. 分布式计算模型设计（根据具体硬件环境，设计同步分布式计算模型以及异步分布式计算模型）的能力 4. 代码编写（通过编程构建不同的分布式计算模型）的能力		
步骤	1. 根据具体硬件环境，在多个GPU上对网络运算进行分配		
	2. 根据具体硬件环境，在多个机站上对网络运算进行分配		
	3. 根据具体硬件环境，设计同步分布式计算模型以及异步分布式计算模型		
	4. 通过编程构建不同的分布式计算模型		
工具与设备	1. 终端设备		
	2. Windows 7/8/10、macOS、Linux		
知识基础	1. 多GPU分布式计算		
	2. 多机站分布式计算		
	3. 同步分布式计算		
	4. 异步分布式计算		
素质	1. 认真、严谨、细致、有责任心		
	2. 具备团队精神与合作意识		
	3. 严格遵守代码编写规范，耐心编写代码		
	4. 能独立确定问题的可解决程度，并积极查找解决方案		
考核标准	1. 能够进行多GPU分布式计算		
	2. 能够进行多机站分布式计算		
	3. 能够进行同步及异步分布式计算		
	4. 能够编写分布式计算代码		
能力目标	实现部署安装环境	编号	F1
具体描述	子能力分析：1. 部署安装环境的能力 2. 处理环境异常的能力 3. 检测安装环境的能力		
步骤	1. 实现部署所需的软件环境		
	2. 实现部署所需的网络环境		
	3. 检测Linux环境是否部署成功		

续表

能力 目标	实现部署安装环境	编号	F1
步骤	4. 检测虚拟化环境是否部署成功		
	5. 检测云环境是否部署成功		
工具与 设备	1. 终端设备		
	2. 操作系统（Linux）		
	3. 可访问互联网的环境、WiFi		
知识 基础	1. 操作系统的安装、操作、配置等		
	2. 虚拟化环境的安装、操作、配置等		
	3. 云平台的安装、操作、配置等		
素质	1. 认真、严谨、细致、有责任心		
	2. 具备团队精神与合作意识		
	3. 具备探索创新精神		
	4. 确定问题的可解决程度并及时与领导沟通		
考核 标准	1. 能够部署相关的操作系统和一些基本服务，例如名字解析服务、目录服务、因特网信息服务等		
	2. 熟练部署相关硬件设施		
	3. 熟悉TCP/IP、HTTP等网络协议		
能力 目标	记录验证过程中系统出现的问题	编号	F2
具体 描述	子能力分析：1. 在系统出现异常的时候快速发现问题的能力 2. 判断故障影响的能力 3. 记录安装过程中系统问题的能力		
步骤	1. 使用监控平台和告警平台收集软件安装信息等数据		
	2. 对监控数据进行汇总分析		
	3. 在系统出现异常的时候发现问题和判断故障的影响		
	4. 记录和报告问题，并撰写相关文档		
工具与 设备	1. 终端设备		
	2. 操作系统（Linux）		
	3. 可访问互联网的环境、WiFi		
	4. 监控软件		
	5. Word/Excel等主流办公软件		
知识 基础	1. 监控软件的安装、使用		
	2. 办公软件的使用		
	3. 关于软件安装常见问题的知识		

续表

能力目标	记录验证过程中系统出现的问题	编号	F2
素质	1. 认真、严谨、细致、有责任心		
	2. 具备团队精神与合作意识		
	3. 具备探索创新精神		
	4. 确定问题的可解决程度并及时与领导沟通		
考核标准	1. 能够熟练使用监控平台和告警平台		
	2. 能够熟练管理和分析日志		
	3. 能够准确发现相关故障、排查疑难问题		
能力目标	调试程序环境跟踪问题	编号	F3
具体描述	子能力分析：1. 通过分析环境调试问题发生时系统的各种表现（日志、变更、监控）确定问题发生原因的能力 2. 制订调试预案的能力 3. 使用调试工具解决问题的能力		
步骤	1. 日志分析及管理		
	2. 确定环境调试问题发生的原因		
	3. 制订方案（静态调试、语法调试、逻辑调试）解决相关问题		
	4. 记录调试过程，编写文档		
工具与设备	1. 终端设备		
	2. 操作系统（Linux）		
	3. 可访问互联网的环境、WiFi		
	4. Word/Excel等主流办公软件		
	5. 调试工具		
知识基础	1. 调试工具的使用		
	2. 办公软件的使用		
	3. 调试方法和技术		
素质	1. 认真、严谨、细致、有责任心		
	2. 具备团队精神与合作意识		
	3. 具备不怕困难的精神和耐心		
	4. 确定问题的可解决程度并及时与领导沟通		
考核标准	1. 熟悉并掌握调试工具		
	2. 掌握调试方法和技术		
	3. 能够汇总故障、问题，并提交汇总报告		

续表

能力 目标	编写用户使用手册	编号	F4
具体 描述	子能力分析：1. 编写相关实施文档、使用手册、培训文档的能力 2. 培训用户的能力 3. 解答用户在系统使用过程中产生的疑问的能力		
步骤	1. 明确编写目的、适用的用户、主要功能、运行环境、术语等		
	2. 编写用户使用的所有功能模块		
	3. 编写功能模块介绍		
	4. 编写软件使用流程、任务操作手册		
	5. 编写功能使用案例		
	6. 编写特殊提示及注意事项		
工具与 设备	1. 终端设备		
	2. 操作系统（Linux）		
	3. 可访问互联网的环境、WiFi		
	4. Adobe Acrobat Pro		
知识 基础	1. 办公软件的使用		
	2. 手册格式规范		
	3. 模块操作方法和技术		
	4. 用户培训方法		
素质	1. 认真、严谨、细致、有责任心		
	2. 具备团队精神与合作意识		
	3. 写作语言简洁明快，表达准确		
	4. 确定问题的可解决程度并及时与领导沟通		
考核 标准	1. 熟练使用Word/Excel等主流文档工具编写用户使用手册		
	2. 熟悉模块操作手册、用户培训手册的标准格式		
	3. 能够完整描述功能模块		
	4. 能够无歧义地描述软件功能		
	5. 具有良好的专业术语表达能力		
能力 目标	撰写验证报告	编号	F5
具体 描述	子能力分析：1. 汇总故障、问题的能力 2. 撰写故障、问题产生原因的能力 3. 撰写问题解决方案的能力		
步骤	1. 撰写验证部署的项目名称及版本号、版本类型		

能力目标	撰写验证报告	编号	F5
步骤	2. 撰写验证部署的原因和验证后的结果		
	3. 分析验证的结果，并提出建议		
工具与设备	1. 个人使用的计算机、服务器、云服务系统		
	2. 操作系统（Windows、Linux等）		
	3. 主流办公软件		
	4. 可访问互联网的环境、WiFi		
知识基础	1. 办公软件的使用		
	2. 验证报告的规范		
	3. 验证报告的常见问题		
素质	1. 认真、严谨、细致、有责任心		
	2. 具备团队精神与合作意识		
	3. 具备自学能力		
	4. 确定问题的可解决程度并及时与领导沟通		
考核标准	1. 能够掌握验证软件部署的常见问题		
	2. 能够熟练撰写部署的验证报告		
	3. 具备良好的专业术语表达能力		

（二）工单实训方案示例——软件技术专业（人工智能方向）综合实训方案

1. 方案编制总体概述

略

2. 综合实训总目标

略

【专业核心技能】

略

【职业基本素养】

略

表3　软件技术专业职业能力分析表

综合能力	专项能力				
	1	2	3	4	5
搭建AI计算环境A	使用Linux A1	配置虚拟化环境A2	搭建开发环境A3	配置分布式计算环境A4	使用云计算平台A5
程序开发B	需求分析B1	功能分析B2	编写程序设计文档B3	编写调试程序B4	测试程序B5
获取数据并分析C	数据采集C1	理解数据形式化表达C2	数据标注C3	使用数据分析工具C4	数据可视化C5
机器学习框架D	数据导入D1	搭建学习模型D2	训练数据集D3	评估学习模型D4	应用分布式计算提升训练运算速度D5
应用深度学习模型E	使用非监督学习模型E1	使用监督学习模型E2	深度学习网络搭建E3	根据应用优化模型E4	使用模型进行预测E5
应用部署验证F	实现部署安装环境F1	记录验证过程中系统出现的问题F2	调试程序环境跟踪问题F3	编写用户使用手册F4	撰写验证报告F5

表4　职业能力描述

编号	职业能力	描述
A1	使用Linux	1．Linux操作系统安装能力；2．Linux操作系统维护能力；3．Linux软件安装、升级、卸载能力；4．Linux操作系统编程能力；5．解决Linux操作系统常见问题的能力
A2	配置虚拟化环境	1．安装虚拟化软件能力；2．安装虚拟系统能力；3．网络设置能力；4．配置所需软件能力
A3	搭建开发环境	1．安装Python的能力；2．配置操作系统环境的能力；3．使用pip安装AI软件的能力；4．配置AI软件的能力；5．安装GPU驱动的能力
A4	配置分布式计算环境	1．安装Hadoop的能力；2．安装Spark的能力；3．设置系统环境变量的能力；4．提交程序到Spark并运行的能力
A5	使用云计算平台	1．配置云计算平台的能力；2．调用云计算平台计算资源的能力；3．处理常见的云计算平台故障的能力
B1	需求分析	1．与客户进行有效沟通的能力；2．收集客户初始需求并进行体验分析的能力；3．将客户的形象表述分解为以行业术语表述的功能模块的能力；4．以图、表、文的形式编制符合行业标准的产品需求分析文档的能力

续表

编号	职业能力	描述
B2	功能分析	1. 能够分析总结所有产品任务，并以产品任务操作为线索（剧本）对操作流程进行测试的能力；2. 对挖掘到的功能需求进行管控（确保其不过大，也不过小）的能力；3. 能够分析产品各功能对应的开发工作量的能力；4. 能够分析产品功能与营销关系的能力
B3	编写程序设计文档	1. 根据程序需求文档中的模块实现过程，进行详细说明的能力；2. 根据数据库、流程图等内容，对模块的实现过程进行详细说明的能力
B4	编写调试程序	1. 根据程序流程图设计代码的编写逻辑的能力；2. 在编写代码过程中，熟练使用基本语法、数据结构、算法、API的能力；3. 划分与整合代码模块的能力
B5	测试程序	1. 设计测试用例的能力；2. 执行功能测试的能力；3. 执行性能测试的能力；4. 撰写测试报告的能力
C1	数据采集	1. 编写、调试、运行数据采集程序的能力；2. 根据采集数据时出现的问题提出有效的应对策略的能力；3. 整理、校验和维护数据的能力；4. 分析相关数据之间的逻辑合理性的能力
C2	理解数据形式化表达	1. 基于概率统计分析问题、建立模型的能力；2. 用矩阵、向量等对问题进行形式化表达的能力；3. 对矩阵、向量进行处理的能力；4. 用插值、拟合、矩阵运算等数值方法求解的能力
C3	数据标注	1. 使用标注工具的能力；2. 对数据进行整理、分类的能力；3. 对数据进行标记的能力；4. 对数据进行统计的能力；5. 学习标注规则，依据规则进行工作的能力；6. 总结标注经验，并提供标注工具的改进建议的能力
C4	使用数据分析工具	1. 根据需求设计数据分析方案的能力；2. 撰写数据分析方案的能力；3. 使用NumPy编写程序进行数据分析的能力；4. 使用Pandas编写程序进行数据分析的能力；5. 撰写数据分析报告的能力
C5	数据可视化	1. 根据需求选择恰当的数据可视化形式表达问题的能力；2. 设计数据可视化形式的能力，如UI、数据轴等；3. 使用Python程序包实现数据可视化的能力；4. 合理描述可视化数据图表的能力
D1	数据导入	1. 能对不同类型的数据进行互相转换；2. 能对数据的维数进行变换；3. 能进行feature数据的预处理；4. 能进行label数据的预处理

续表

编号	职业能力	描述
D2	搭建学习模型	1. 对输入数据特征进行分析，了解搭建模型的规模的能力；2. 使用程序搭建多层感知器模型的能力；3. 设计输入层与隐藏层内容并将其加入模型的能力；4. 设计输出层内容并将其加入模型的能力；5. 查看模型的摘要的能力
D3	训练数据集	1. 根据实际需要定义训练方式的能力；2. 根据实际需要设置训练参数的能力；3. 启动训练的能力；4. 显示训练过程的能力；5. 绘制准确率执行结果的能力
D4	评估学习模型	1. 导入测试数据的能力；2. 启动测试模型的能力；3. 对测试结果与实际label进行对比的能力；4. 计算实际测试结果的准确率的能力
D5	应用分布式计算提升训练运算速度	1. 将数据集转换为RDD和DataFrame的能力；2. 对数据进行分布式处理的能力；3. 用分布式算法训练数据的能力；4. 提交程序到分布式计算架构运行的能力
E1	使用非监督学习模型	1. 非监督学习模型的适用性分析（了解非监督学习模型的特点，能够根据具体问题分析是否采用非监督学习模型）的能力；2. 非监督学习模型设计（了解多种非监督学习模型，根据具体问题及多种非监督学习模型的特点，选择合适的非监督学习模型）的能力；3. 非监督学习数据整理（根据具体问题及具体非监督学习模型，进行数据采集和规范化）的能力；4. 代码编写(根据具体问题及具体非监督学习模型,进行编程实现）的能力
E2	使用监督学习模型	1. 监督学习模型的适用性分析（了解监督学习模型的特点，能够根据具体问题分析是否采用监督学习模型）的能力；2. 监督学习模型设计（了解多种监督学习模型，根据具体问题及多种监督学习模型的特点，选择合适的监督学习模型）的能力；3. 监督学习数据整理（根据具体问题及具体监督学习模型进行数据采集和规范化）的能力；4. 代码编写（根据具体问题及具体监督学习模型进行编程）的能力
E3	深度学习网络搭建	1. 深度学习模型的适用性分析（了解深度学习模型的特点，能够根据具体问题分析是否采用深度学习模型）的能力；2. 深度学习模型设计（了解多种深度学习模型，根据具体问题及多种深度学习模型的特点，选择合适的深度学习模型）的能力；3. 深度学习数据整理（根据具体问题及具体深度学习模型进行数据采集和规范化）的能力；4. 代码编写（根据具体问题及具体深度学习模型进行编程）的能力

续表

编号	职业能力	描述
E4	根据应用优化模型	1. 模型性能验证性实验（根据具体问题，使用现有数据对具体模型进行验证性实验）的能力；2. 参数调优（根据实验结果，调整参数，优化性能）的能力；3. 增强学习（根据实验结果，增加训练样本或删减训练样本，优化性能）的能力；4.代码编写（通过编程实现模型的优化）的能力
E5	使用模型进行预测	1. 输入预测数据的能力；2. 调用预测模型的能力；3. 启动预测模型的能力；4. 显示预测结果的能力
F1	实现部署安装环境	1. 部署安装环境的能力；2. 处理环境异常的能力；3. 检测安装环境的能力
F2	记录验证过程中系统出现的问题	1. 在系统出现异常的时候快速发现问题的能力；2. 判断故障影响的能力；3. 记录安装过程中系统问题的能力
F3	调试程序环境跟踪问题	1. 通过分析环境调试问题发生时系统的各种表现（日志、变更、监控）确定问题发生原因的能力；2. 制订调试预案的能力；3. 使用调试工具解决问题的能力
F4	编写用户使用手册	1. 编写相关实施文档、使用手册、培训文档的能力；2. 培训用户的能力；3. 解答用户在系统使用过程中产生的疑问的能力
F5	撰写验证报告	1. 汇总故障、问题的能力；2. 撰写故障、问题产生原因的能力；3. 撰写问题解决方案的能力

表5　岗位要求与职业能力对应表

岗位名称	岗位要求	对应职业能力
人工智能应用开发工程师	制订人工智能应用开发技术方案，根据技术方案完成产品的开发，为产品提供相关技术支持	1. 使用非监督学习模型E1 2. 使用监督学习模型E2 3. 深度学习网络搭建E3 4. 根据应用优化模型E4 5. 使用模型进行预测E5
数据分析工程师	完成数据采集、数据清洗、数据处理等工作	1. 数据采集C1 2. 理解数据形式化表达C2 3. 数据标注C3 4. 使用数据分析工具C4 5. 数据可视化C5
Python Web 后端开发工程师	设计、开发、测试、部署以及维护并改进各子系统，负责线上服务器的安全稳定运行和生产环境的部署	1. 需求分析B1 2. 功能分析B2 3. 编写程序设计文档B3 4. 编写调试程序B4 5. 测试程序B5

续表

岗位名称	岗位要求	对应职业能力
运维工程师	保障并不断提升服务的可用性，确保用户数据安全，提升用户体验； 用自动化工具/平台提升软件在研发生命周期中的工作效率； 通过技术手段优化服务架构和性能	1. 使用Linux A1 2. 配置虚拟化环境A2 3. 配置分布式计算环境A4 4. 调试程序环境跟踪问题F3 5. 使用云计算平台A5

表6 职业素养

综合素质	专项素质				
	1	2	3	4	5
德A	培养自我剖析能力A1	培养积极特质A2	探寻希望和乐观A3	增强沉浸体验A4	培养情商A5
智B	语言基础B1	文化交际B2	资源整合B3	专业学习B4	—
体C	培养体商意识C1	培养运动技能C2	提高身体素质C3	拥有健康体魄C4	提高自我健康测量与评价的能力C5
美D	职场形象规范D1	行业礼仪标准D2	工匠精神锤炼D3	审美与人文素养D4	—
创E	培养创业意识E1	提高创业素质E2	增强创业能力E3	建设创业团队E4	策划创业目标E5

3. 综合实训课程一览表

表7 综合实训课程一览表

学期	实训课程	实训成效
3	RPA项目实训	在为期两周的实训中，学生能够掌握使用RPA工具进行RPA流程设计、开发、部署工作，RPA数据统计及数据处理自动化，RPA产品的流程代码开发、验证和修订测试等技能
	云应用项目开发实训	在为期两周的实训中，学生能在真实环境中熟悉云软件开发规范。通过在实训中进一步巩固云软件开发的知识，学生能使用Python和云服务构建具有较好的可扩展性的无服务器架构网站，进而锻炼分析问题与解决问题的能力
4	"1+X"深度学习工程应用强化训练实践	在为期两周的实训中，本课程紧密围绕"1+X"人工智能深度学习工程应用职业技能等级证书的考核内容，要求学生掌握数据集制作中的采集和处理能力，以及深度学习模型的训练和调参能力，进一步培养学生的深度学习工程应用能力，使他们掌握职业技能认证所需的基础知识，具备获得职业技能证书的能力，为参加"1+X"人工智能深度学习工程应用职业技能等级证书考试打下坚实的基础

续表

学期	实训课程	实训成效
4	AI应用项目开发实训	在为期两周的实训中,学生能够掌握实际工作中深度学习的具体流程,如数据及标注处理、建模训练、模型部署应用等;掌握开发AI软件的技能;熟悉软件工程项目管理;掌握分析和解决实际项目中遇到的问题的技能
5	NLP应用项目开发实训	在为期两周的实训中,学生熟悉NLP的开发流程,并能够使用深度学习框架构建模型来解决NLP开发中的常见两类任务:文档分类和文档生成。最后,学生能够把相关功能集成为一个完整的Web应用,并在线上部署、使用
	云平台AI项目开发实训	在为期两周的实训中,学生能够熟悉云服务平台中的云服务,使用云服务完成企业级AI项目的设计、开发,并将项目部署到相应的边缘设备中,实现对项目的应用

4. 分学期方案编制

(1)第3学期实训方案

【实训的基本条件】

● 硬件条件

略

● 软件条件

略

【实训内容及时间分配】

● "RPA项目实训"课程

① "RPA项目实训"课程技能矩阵

基于人工智能应用开发工程师岗位的工作任务,分析与工作任务相关的专项技能,"RPA项目实训"课程技能分析表如表8所示,专项技能对应项目式授课的教学模块。

表 8 "RPA 项目实训"课程技能分析表

综合技能	专项技能		
	1	2	3
需求分析 a	收集客户初始需求并进行体验分析的能力a1	将客户的形象表述分解为以行业术语表述的功能模块的能力a2	以图、表、文的形式编制符合行业标准的产品需求分析文档的能力a3
编写程序设计文档 b	使用文档编写工具编写程序设计文档的能力b1	使用流程图绘制软件编写程序设计文档的能力b2	根据数据库、流程图等内容,对模块的实现过程进行详细编写的能力b3

续表

综合技能	专项技能		
	1	2	3
编写调试程序 c	根据程序流程图设计代码编写逻辑的能力c1	在编写代码过程中，使用语法的能力c2	在编写代码的过程中，使用数据结构的能力c3

② "RPA项目实训"课程内容

"RPA项目实训"课程授课周期为两周，共计54个学时，课程任务分解表如表9所示，不同技能难度对应的实训工单如表10所示。

表 9 "RPA 项目实训"课程任务分解表

编号	专项技能	描述	技能难度	覆盖的专项能力
a1	收集客户初始需求并进行体验分析的能力	能够与客户进行有效沟通	初级	B1
		能够收集客户需求	中级	B1
		能够全面地理解客户的各项需求及应该达到的标准	高级	B1、B2
a2	将客户的形象表述分解为以行业术语表述的功能模块的能力	能够表达客户需求	初级	B1、B2
		能够准确地表达客户需求	中级	B1、B2
		能够逐步细化所有的需求,表述出软件各元素间的联系、接口特性和设计上的限制	高级	B1、B2
a3	以图、表、文的形式编制符合行业标准的产品需求分析文档的能力	能够编制描述需求的文档	初级	B1、B3
		能够以图、表、文的形式编制描述需求的文档	中级	B1、B3
		能够以图、表、文的形式编制符合行业标准的产品需求分析文档	高级	B1、B3
b1	使用文档编写工具编写程序设计文档的能力	能够使用办公软件编写程序设计文档	初级	B3
		能够熟练使用办公软件编写程序设计文档	中级	B3
		能够熟练使用办公软件和第三方软件编写程序设计文档	高级	B3

编号	专项技能	描述	技能难度	覆盖的专项能力
b2	使用流程图绘制软件编写程序设计文档的能力	能够使用流程图绘制软件编写程序设计文档	初级	B2、B3
		能够熟练使用流程图绘制软件编写程序设计文档	中级	B2、B3、C4
		能够熟练使用流程图绘制软件和第三方软件编写程序设计文档	高级	B2、B3、C4
b3	根据数据库、流程图等内容,对模块的实现过程进行详细编写的能力	能够根据数据库、流程图等内容,对模块的实现过程进行编写	初级	B2、B3
		能够熟练地根据数据库、流程图等内容,对模块的实现过程进行编写	中级	B2、B3
		能够熟练地根据数据库、流程图等内容,对模块的实现过程进行编写并使其符合行业标准	高级	B2、B3
c1	根据程序流程图设计代码编写逻辑的能力	能够根据程序流程图设计简单代码	初级	B2、B4
		能够根据程序流程图设计代码编写逻辑	中级	B2、B4
		能够熟练根据程序流程图设计代码编写逻辑	高级	B2、B4
c2	在编写代码过程中,使用语法的能力	能够使用编程语言常用语法	初级	B2、B4
		能够使用编程语言全部语法	中级	B2、B4
		能够熟练使用编程语言全部语法	高级	B2、B4
c3	在编写代码的过程中,使用数据结构的能力	能够在编写代码的过程中使用常用数据结构	初级	B2、B4
		能够在编写代码的过程中使用全部数据结构	中级	B2、B4
		能够熟练地在编写代码的过程中使用全部数据结构	高级	B2、B4

表 10　实训工单与专项技能对应表

序号	实训工单	对应专项技能	技能难度
1	客户沟通技巧	a1	初级
2	收集客户需求	a1	中级
3	项目需求分析	a1	高级
4	表达客户需求	a2	初级
5	细化功能需求	a2	高级
6	RPA开发步骤	a3	初级
7	分析业务流程	a3	中级
8	编写自动化流程需求文档	a3	高级
9	绘制业务流程图	b1	初级
10	绘制RPA流程图（一）	b1	中级
11	绘制RPA流程图（二）	b1	高级
12	RPA开发平台的使用（一）	b2	初级
13	RPA开发平台的使用（二）	b2	中级
14	RPA开发平台的使用（三）	b2	高级
15	浏览器控件（一）	b3	初级
16	浏览器控件（二）	b3	中级
17	浏览器控件（三）	b3	高级
18	Excel控件的使用（一）	c1	初级
19	Excel控件的使用（二）	c1	中级
20	Excel控件的使用（三）	c1	高级
21	Word控件的使用（一）	c2	初级
22	Word控件的使用（二）	c2	中级
23	Word控件的使用（三）	c2	高级
24	邮箱控件（一）	c3	初级
25	邮箱控件（二）	c3	中级
26	邮箱控件（三）	c3	高级

● "云应用项目开发实训"课程

① "云应用项目开发实训"课程技能矩阵

基于人工智能应用开发工程师岗位的工作任务，分析与工作任务相关的专项技能，"云应用项目开发实训"课程技能分析表如表11所示，专项技能对应项目式授课的教学模块。

表 11 "云应用项目开发实训"课程技能分析表

综合技能	专项技能		
	1	2	3
使用云存储a	使用块存储a1	备份块存储a2	构建对象存储a3
使用数据库b	设置RDS b1	使用MySQL数据库实例b2	使用RDS基础组件b3
无服务计算c	对无服务计算授权c1	构建无服务计算c2	事件驱动编程c3

② "云应用项目开发实训"课程内容

"云应用项目开发实训"课程授课周期为两周,共计54个学时,课程任务分解表如表12所示,不同技能难度对应的实训工单如表13所示。

表 12 "云应用项目开发实训"课程任务分解表

编号	专项技能	描述	技能难度	覆盖的专项能力
a1	使用块存储	管理存储桶	初级	A5
		管理存储桶对象	中级	A5
		访问控制	高级	A5
a2	备份块存储	归档检索选项	初级	A5
		恢复已归档的对象	中级	A5
		管理存储类	高级	A5
a3	构建对象存储	创建对象键	初级	A5
		管理对象	中级	A5
		转换对象	高级	A5
b1	设置RDS	创建数据库实例	初级	A5
		管理数据库实例	中级	A5
		监控数据库实例	高级	A5
b2	使用MySQL数据库实例	创建MySQL数据库实例	初级	B4
		将MySQL数据库实例链接到数据库	中级	B4
		使用SSL/TLS证书	高级	B4
b3	使用RDS基础组件	使用查询API	初级	A5
		使用定位、修改API	中级	A5
		使用操作负载均衡API	高级	A5
c1	对无服务计算授权	执行角色	初级	A5
		用户策略	中级	A5
		资源和条件	高级	A5

续表

编号	专项技能	描述	技能难度	覆盖的专项能力
c2	构建无服务计算	配置函数	初级	F1
		管理函数	中级	F1
		使用映像	高级	F1
c3	事件驱动编程	使用Handler	初级	B4
		部署后以.zip文件归档	中级	B4
		部署容器镜像	高级	B4

表 13 实训工单与专项技能对应表

序号	实训工单	对应专项技能	技能难度
1	通过浏览器查看存储桶中的照片（一）	a1	初级
2	通过浏览器查看存储桶中的照片（二）	a3	中级
3	通过浏览器将照片上传到存储桶（一）	a2	初级
4	通过浏览器将照片上传到存储桶（二）	b1	中级
5	获取和显示账户中存储桶的列表（一）	a2	中级
6	获取和显示账户中存储桶的列表（二）	b3	高级
7	为存储桶配置跨源资源共享权限（一）	b1	中级
8	为存储桶配置跨源资源共享权限（二）	b2	高级
9	检索存储桶的访问控制列表（一）	b2	初级
10	检索存储桶的访问控制列表（二）	b3	中级
11	使用存储桶策略（一）	b2	中级
12	使用存储桶策略（二）	b3	中级
13	将存储桶设置为静态Web主机（一）	b1	中级
14	将存储桶设置为静态Web主机（二）	b3	中级
15	创建浏览器应用程序（一）	b2	中级
16	创建浏览器应用程序（二）	c3	高级
17	检测图像中的 PPE（一）	b2	中级
18	检测图像中的 PPE（二）	c3	高级
19	检测从图像中提取的文本中的实体（一）	b2	中级
20	检测从图像中提取的文本中的实体（二）	c3	高级
21	检测图像中的人脸（一）	b2	中级
22	检测图像中的人脸（二）	c3	高级
23	检测图像中的对象（一）	b2	中级

序号	实训工单	对应专项技能	技能难度
24	检测图像中的对象（二）	c3	高级
25	检测视频中的人物和对象（一）	b2	初级
26	检测视频中的人物和对象（二）	c3	高级
27	保存Exif和其他图像信息	c3	高级

【考核内容与方法】

● "RPA项目实训"课程考核

该课程采用过程性评价与总结性评价相结合的方式进行考核，考核内容及权重：a1（10%）、a2（10%）、a3（10%）、b1（10%）、b2（10%）、b3（15%）、c1（10%）、c2（10%）、c3（15%）。具体考核指标如表14所示。

表 14 "RPA 项目实训"课程考核指标

序号	技能编号	技能难度	考核指标说明	分值
1	a1	初级	完成"客户沟通技巧"工单，初步运用沟通技巧，能够独立与客户进行有效沟通，基本掌握沟通技巧	2
		中级	完成"收集客户需求"工单，能够独立收集客户需求，熟练掌握信息收集分析能力	3
		高级	完成"项目需求分析"工单，能够独立进行项目需求分析，熟练掌握信息收集分析能力	5
2	a2	初级	完成"表达客户需求"工单，能够独立表达客户需求，基本掌握客户需求表达能力	3.5
		高级	完成"细化功能需求"工单，能够细化功能需求，熟练掌握细化功能需求的能力	6.5
3	a3	初级	完成"RPA开发步骤"工单，能够描述RPA开发步骤，基本掌握RPA开发步骤	2
		中级	完成"分析业务流程"工单，能够分析业务流程，熟练掌握业务流程	3
		高级	完成"编写自动化流程需求文档"工单，能够编写自动化流程需求文档，熟练掌握编写自动化流程需求文档的能力	5

续表

序号	技能编号	技能难度	考核指标说明	分值
4	b1	初级	完成"绘制业务流程图"工单，能够绘制业务流程图，基本掌握绘制业务流程图的能力	2
		中级	完成"绘制RPA流程图（一）"工单，能够绘制RPA流程图，基本掌握绘制RPA流程图的能力	3
		高级	完成"绘制RPA流程图（二）"工单，能够绘制RPA流程图，熟练掌握绘制RPA流程图的能力	5
5	b2	初级	完成"RPA开发平台的使用（一）"工单，能够使用RPA开发平台，基本掌握RPA开发平台的使用	2
		中级	完成"RPA开发平台的使用（二）"工单，能够使用RPA开发平台，熟练掌握RPA开发平台的使用	3
		高级	完成"RPA开发平台的使用（三）"工单，能够使用RPA开发平台，熟练掌握RPA开发平台的使用	5
6	b3	初级	完成"浏览器控件（一）"工单，能够控制浏览器，基本掌握浏览器控件的使用	3
		中级	完成"浏览器控件（二）"工单，能够控制浏览器，熟练掌握浏览器控件的使用	5
		高级	完成"浏览器控件（三）"工单，能够控制浏览器，熟练掌握浏览器控件的使用	7
7	c1	初级	完成"Excel控件的使用（一）"工单，能够控制Excel，基本掌握Excel控件的使用	2
		中级	完成"Excel控件的使用（二）"工单，能够控制Excel，熟练掌握Excel控件的使用	3
		高级	完成"Excel控件的使用（三）"工单，能够控制Excel，熟练掌握Excel控件的使用	5
8	c2	初级	完成"Word控件的使用（一）"工单，能够控制Word，基本掌握Word控件的使用	2
		中级	完成"Word控件的使用（二）"工单，能够控制Word，熟练掌握Word控件的使用	3

续表

序号	技能编号	技能难度	考核指标说明	分值
8	c2	高级	完成"Word控件的使用（三）"工单，能够控制Word，熟练掌握Word控件的使用	5
9	c3	初级	完成"邮箱控件（一）"工单，能够控制邮箱，基本掌握邮箱控件的使用	3
		中级	完成"邮箱控件（二）"工单，能够控制邮箱，熟练掌握邮箱控件的使用	5
		高级	完成"邮箱控件（三）"工单，能够控制邮箱，熟练掌握邮箱控件的使用	7

● "云应用项目开发实训"课程考核

略

【实训的方式与组织】

略

（2）第4学期实训方案

【实训的基本条件】

● 硬件条件

略

● 软件条件

略

【实训内容及时间分配】

● "'1+X'深度学习工程应用强化训练实践"课程

① "'1+X'深度学习工程应用强化训练实践"课程技能矩阵

基于人工智能应用开发工程师和数据分析工程师岗位的工作任务，分析与工作任务相关的专项技能，"'1+X'深度学习工程应用强化训练实践"课程技能分析表如表15所示，专项技能对应项目式授课的教学模块。

表 15　"'1+X'深度学习工程应用强化训练实践"课程技能分析表

综合技能	专项技能		
	1	2	3
搭建开发环境a	搭建机器学习环境a1	搭建深度学习环境a2	配置和操作人工智能平台a3

续表

综合技能	专项技能		
	1	2	3
搭建机器学习模型b	构建监督学习模型b1	构建非监督学习模型 b2	基于分布式计算构建机器学习模型 b3
深度网络搭建c	使用深度学习神经网络搭建模型c1	模型评估 c2	参数调优 c3

②"'1+X'深度学习工程应用强化训练实践"课程内容

"'1+X'深度学习工程应用强化训练实践"课程授课时间为两周，共计54个学时，课程任务分解表如表16所示，不同技能难度对应的实训工单如表17所示。

表16 "'1+X'深度学习工程应用强化训练实践"课程任务分解表

编号	专项技能	描述	技能难度	覆盖的专项能力
a1	搭建机器学习环境	安装开发软件Python	初级	A2、A3
		配置环境变量	中级	A2、A3、A4
		IDE工具配置	高级	A2、A3、A4
a2	搭建深度学习环境	安装TensorFlow	初级	A2、A3
		搭建深度学习环境（CPU）	中级	A2、A3
		搭建深度学习环境（GPU）	高级	A2、A3
a3	配置和操作人工智能平台	智能数据服务平台的业务操作	初级	A5
		深度学习模型定制平台的业务操作	中级	A5
		针对业务需求配置和操作人工智能平台	高级	A5
b1	构建监督学习模型	构建二元分类模型	初级	E2
		构建多元分类模型	中级	E2
		构建回归模型	高级	E2
b2	构建非监督学习模型	构建k-means聚类模型	初级	E1
		构建层次聚类模型	中级	E1
		构建降维模型	高级	E1
b3	基于分布式计算构建机器学习模型	构建分布式分类模型	初级	E2、A4
		构建分布式回归模型	中级	E2、A4
		构建分布式聚类模型	高级	E1、A4

续表

编号	专项技能	描述	技能难度	覆盖的专项能力
c1	使用深度学习神经网络搭建模型	基于平台搭建深度学习模型	初级	A5、E3
		基于卷积神经网络（CNN）搭建深度学习模型	中级	E3
		基于循环神经网络（RNN）搭建深度学习模型	高级	E3
c2	模型评估	理解模型评估指标	初级	D4
		基于平台计算模型计算评估指标	中级	D4
		基于编码计算模型计算评估指标	高级	D4
c3	参数调优	使用测试集测试模型性能	初级	E4
		调整模型训练参数	中级	E4
		调整模型网络结构	高级	E4

表 17　实训工单与专项技能对应表

序号	实训工单	对应专项技能	技能难度
1	安装软件	a1	初级
2	配置环境变量	a1	中级
3	IDE工具配置	a1	高级
4	安装TensorFlow	a2	初级
5	搭建深度学习环境（CPU）	a2	中级
6	搭建深度学习环境（GPU）	a2	高级
7	智能数据服务平台的业务操作	a3	初级
8	深度学习模型定制平台的业务操作	a3	中级
9	针对业务需求配置和操作人工智能平台	a3	高级
10	构建二元分类模型	b1	初级
11	构建多元分类模型	b1	中级
12	构建回归模型	b1	高级
13	构建k-means聚类模型	b2	初级
14	构建层次聚类模型	b2	中级
15	构建降维模型	b2	高级
16	构建分布式分类模型	b3	初级
17	构建分布式回归模型	b3	中级
18	构建分布式聚类模型	b3	高级

序号	实训工单	对应专项技能	技能难度
19	基于平台搭建深度学习模型	c1	初级
20	基于CNN搭建深度学习模型	c1	中级
21	基于RNN搭建深度学习模型	c1	高级
22	理解模型评估指标	c2	初级
23	基于平台计算模型计算评估指标	c2	中级
24	基于编码计算模型计算评估指标	c2	高级
25	使用测试集测试模型性能	c3	初级
26	调整模型训练参数	c3	中级
27	调整模型网络结构	c3	高级

● "AI应用项目开发实训"课程

① "AI应用项目开发实训"课程技能矩阵

基于人工智能应用开发工程师岗位的工作任务，分析与工作任务相关的专项技能，"AI应用项目开发实训"课程技能分析表如表18所示，专项技能对应项目式授课的教学模块。

表18 "AI 应用项目开发实训"课程技能分析表

综合技能	专项技能		
	1	2	3
数据获取与预处理a	获取图像数据a1	图像数据标注a2	图像数据预处理a3
模型搭建、调优b	使用深度学习神经网络搭建图像分类模型 b1	模型评估 b2	参数调优b3
模型部署c	模型保存 c1	本地图像分类应用搭建 c2	Web图像分类应用搭建 c3

② "AI应用项目开发实训"课程内容

"AI应用项目开发实训"课程授课时间为两周，共计54个学时，课程任务分解表如表19所示，不同技能难度对应的实训工单如表20所示。

表 19 "AI 应用项目开发实训"课程任务分解表

编号	专项技能	描述	技能难度	覆盖的专项能力
a1	获取图像数据	获取教师下发的图像数据	初级	C1
		使用搜索引擎获取公开的图像数据集	中级	C1
		构建爬虫，爬取所需图像数据	高级	C1
a2	图像数据标注	查找图像标注数据	初级	C3
		手工标注图像数据	中级	C3
		使用代码进行标注	高级	C3
a3	图像数据预处理	对图像数据进行清洗	初级	C2
		使用Processing工具对图像进行增强	中级	C2
		能够制作训练集与测试集	高级	C2、E3
b1	使用深度学习神经网络搭建图像分类模型	搭建多层感知机（MLP）模型进行图像分类	初级	B4、E3、E5
		搭建CNN模型进行图像分类	中级	B4、E3、E5
		调用现有模型进行图像分类	高级	B4、E3、E5
b2	模型评估	获得模型分类的混淆矩阵	初级	B4、E3、E5
		计算模型的mAP值	中级	B4、E3、E5
		计算模型的ROC曲线	高级	B4、E3、E5
b3	参数调优	使用测试集测试模型性能	初级	D4
		调整模型训练参数	中级	E4
		调整模型网络结构	高级	E4
c1	模型保存	保存模型结构及权重	初级	E5
		设置Checkpoint，保存模型训练中间结果	中级	E5
		读取模型	高级	E5
c2	本地图像分类应用搭建	使用PyQt设计本地应用UI界面	初级	B4、F1
		设置UI界面逻辑	中级	B4
		进行图像分类预测	高级	B4、E5
c3	Web图像分类应用搭建	使用Flask搭建Web后端	初级	B2、B4、F1
		使用HTML5搭建Web前端页面	中级	B2、B4、F1
		进行图像分类	高级	F2、F3、F4

表 20　实训工单与专项技能对应表

序号	实训工单	对应专项技能	技能难度
1	了解图像数据	a1	初级
2	获取公开图像数据集	a1	中级
3	爬取所需图像数据	a1	高级
4	认识不同类型的图像数据标注	a2	初级
5	手工标注图像数据	a2	中级
6	使用代码标注图像数据	a2	高级
7	寻找图像之间的差异	a3	初级
8	使用工具增强图像	a3	中级
9	制作训练集和测试集	a3	高级
10	搭建MLP模型进行图像分类	b1	初级
11	搭建CNN模型进行图像分类	b1	中级
12	使用VGG16模型进行图像分类	b1	高级
13	获得模型分类的混淆矩阵	b2	初级
14	计算模型的mAP值	b2	中级
15	计算模型的ROC曲线	b2	高级
16	调整模型的网络结构	b3	初级
17	调整模型训练参数	b3	中级
18	调整模型计算参数	b3	高级
19	保存模型结构及权重	c1	初级
20	保存模型训练中间结果	c1	中级
21	读入现有模型	c1	高级
22	使用PyQt设计本地应用UI界面	c2	初级
23	设置UI界面逻辑	c2	中级
24	利用本地应用进行图像分类预测的测试	c2	高级
25	使用Flask搭建Web后端	c3	初级
26	使用HTML5搭建Web前端页面	c3	中级
27	使用Web页面进行图像分类的测试	c3	高级

【考核内容与方法】

● "'1+X'深度学习工程应用强化训练实践"课程考核

该课程采用过程性评价与总结性评价相结合的方式进行考核，考核内容及权重：
a1（10%）、a2（10%）、a3（10%）、b1（10%）、b2（10%）、b3（15%）、c1（10%）、c2

（10%）、c3（15%）。具体考核指标如表21所示。

表 21 "'1+X'深度学习工程应用强化训练实践"课程考核指标

序号	技能编号	技能难度	考核指标说明	分值
1	a1	初级	完成"安装开发软件Python"工单，能够安装开发软件，基本掌握软件安装	2
		中级	完成"配置环境变量"工单，能够独立配置环境变量，熟练掌握环境变量的配置	3
		高级	完成"IDE工具配置"工单，能够独立配置IDE工具，熟练掌握IDE工具的配置	5
2	a2	初级	完成"安装TensorFlow"工单，初步搭建深度学习环境，能够独立安装TensorFlow，基本掌握TensorFlow的安装	2
		中级	完成"搭建深度学习环境（CPU）"工单，能够独立搭建深度学习环境（CPU），熟练掌握搭建深度学习环境（CPU）的能力	3
		高级	完成"搭建深度学习环境（GPU）"工单，能够独立搭建深度学习环境（GPU），熟练掌握搭建深度学习环境（GPU）的能力	5
3	a3	初级	完成"智能数据服务平台的业务操作"工单，能够操作数据服务平台，基本掌握智能数据服务平台的业务操作	2
		中级	完成"深度学习模型定制平台的业务操作"工单，能够操作深度学习模型定制平台，熟练掌握深度学习模型定制平台的业务操作	3
		高级	完成"针对业务需求配置和操作人工智能平台"工单，以技术变化响应业务需求，掌握针对业务需求优化配置和操作人工智能平台的能力	5
4	b1	初级	完成"构建二元分类模型"工单，能够构建二元分类模型，掌握构建二元分类模型的能力	2
		中级	完成"构建多元分类模型"工单，能够构建多元分类模型，掌握构建多元分类模型的能力	3
		高级	完成"构建回归模型"工单，能够构建回归模型，掌握构建回归模型的能力	5
5	b2	初级	完成"构建k-means聚类模型"工单，能够"构建k-means聚类模型"，掌握"构建k-means聚类模型"的能力	2
		中级	完成"构建层次聚类模型"工单，能够构建层次聚类模型，掌握构建层次聚类模型的能力	3
		高级	完成"构建降维模型"工单，能够构建降维模型，掌握构建降维模型的能力	5

序号	技能编号	技能难度	考核指标说明	分值
6	b3	初级	完成"构建分布式分类模型"工单,能够构建分布式分类模型,掌握构建分布式分类模型的能力	3
		中级	完成"构建分布式回归模型"工单,能够构建分布式回归模型,掌握构建分布式回归模型的能力	5
		高级	完成"构建分布式聚类模型"工单,能够构建分布式聚类模型,掌握构建分布式聚类模型的能力	7
7	c1	初级	完成"基于平台搭建深度学习模型"工单,能够基于平台搭建深度学习模型,基本掌握基于平台搭建深度学习模型的能力	2
		中级	完成"基于卷积神经网络搭建深度学习模型"工单,能够基于卷积神经网络搭建深度学习模型,基本掌握基于卷积神经网络搭建深度学习模型的能力	3
		高级	完成"基于循环神经网络搭建深度学习模型"工单,能够基于循环神经网络搭建深度学习模型,基本掌握基于循环神经网络搭建深度学习模型的能力	5
8	c2	初级	完成"理解模型评估指标"工单,能够理解模型评估指标,掌握理解模型评估指标的能力	2
		中级	完成"基于平台计算模型计算评估指标"工单,能够基于平台计算模型计算评估指标,熟练掌握基于平台计算模型计算评估指标的能力	3
		高级	完成"基于编码计算模型计算评估指标"工单,能够基于编码计算模型计算评估指标,熟练掌握基于编码计算模型计算评估指标的能力	5
9	c3	初级	完成"使用测试集测试模型性能"工单,能够使用测试集测试模型性能,基本掌握使用测试集测试模型性能的能力	3
		中级	完成"调整模型训练参数"工单,能够调整模型训练参数,熟练掌握调整模型训练参数的能力	5
		高级	完成"调整模型网络结构"工单,能够调整模型网络结构,掌握调整模型网络结构的能力	7

● "AI应用项目开发实训"课程考核

该课程采用过程性评价与总结性评价相结合的方式进行考核,考核内容及权重:a1(10%)、a2(10%)、a3(10%)、b1(10%)、b2(10%)、b3(15%)、c1(10%)、c2(10%)、c3(15%)。具体考核指标如表22所示。

表22　"AI应用项目开发实训"课程考核指标

序号	技能编号	技能难度	考核指标说明	分值
1	a1	初级	完成"了解图像数据"工单，能理解图像数据，基本掌握图像数据	2
		中级	完成"获取公开图像数据集"工单，能够独立获取公开图像数据集，熟练掌握公开图像数据集的获取方法	3
		高级	完成"爬取所需图像数据"工单，能够独立爬取所需图像数据，熟练掌握爬取所需图像数据的能力	5
2	a2	初级	完成"认识不同类型的图像数据标注"工单，能够独立认识不同类型的图像数据标注，基本掌握不同类型的图像数据标注	2
		中级	完成"手工标注图像数据"工单，能够独立手工标注图像数据，熟练掌握手工标注图像数据的能力	3
		高级	完成"使用代码标注图像数据"工单，能够独立使用代码标注图像数据，熟练掌握使用代码标注图像数据的能力	5
3	a3	初级	完成"寻找图像之间的差异"工单，能够寻找图像之间的差异，基本掌握寻找图像之间的差异的能力	2
		中级	完成"使用工具增强图像"工单，能够使用工具增强图像，熟练掌握使用工具增强图像的能力	3
		高级	完成"制作训练集和测试集"工单，能够制作训练集和测试集，熟练掌握制作训练集和测试集的能力	5
4	b1	初级	完成"搭建MLP模型进行图像分类"工单，能够基于MLP模型进行图像分类，掌握基于MLP模型进行图像分类的能力	2
		中级	完成"搭建CNN模型进行图像分类"工单，能够搭建CNN模型进行图像分类，掌握搭建CNN模型进行图像分类的能力	3
		高级	完成"使用VGG16模型进行图像分类"工单，能够使用VGG16模型进行图像分类，掌握使用VGG16模型进行图像分类的能力	5
5	b2	初级	完成"获得模型分类的混淆矩阵"工单，能够获得模型分类的混淆矩阵，掌握获得模型分类的混淆矩阵的能力	2
		中级	完成"计算模型的mAP值"工单，能够计算模型的mAP值，掌握计算模型的mAP值的能力	3
		高级	完成"计算模型的ROC曲线"工单，能够计算模型的ROC曲线，掌握计算模型的ROC曲线的能力	5
6	b3	初级	完成"调整模型的网络结构"工单，能够调整模型的网络结构，掌握调整模型的网络结构的能力	3

续表

序号	技能编号	技能难度	考核指标说明	分值
6	b3	中级	完成"调整模型训练参数"工单，能够调整模型训练参数，掌握调整模型训练参数的能力	5
		高级	完成"调整模型计算参数"工单，能够调整模型计算参数，掌握调整模型计算参数的能力	7
7	c1	初级	完成"保存模型结构及权重"工单，能够保存模型结构及权重，基本掌握保存模型结构及权重的能力	2
		中级	完成"保存模型训练中间结果"工单，能够保存模型训练中间结果，基本掌握保存模型训练中间结果的能力	3
		高级	完成"读入现有模型"工单，能够读入现有模型，基本掌握读入现有模型的能力	5
8	c2	初级	完成"使用PyQt设计本地应用UI界面"工单，能够使用PyQt设计本地应用UI界面，掌握使用PyQt设计本地应用UI界面的能力	2
		中级	完成"设置UI界面逻辑"工单，能够设置UI界面逻辑，熟练掌握设置UI界面逻辑的能力	3
		高级	完成"利用本地应用进行图像分类预测的测试"工单，能够利用本地应用进行图像分类预测的测试，熟练掌握利用本地应用进行图像分类预测的测试的能力	5
9	c3	初级	完成"使用Flask搭建Web后端"工单，能够使用Flask搭建Web后端，基本掌握使用Flask搭建Web后端的能力	3
		中级	完成"使用HTML5搭建Web前端页面"工单，能够使用HTML5搭建Web前端页面，熟练掌握使用HTML5搭建Web前端页面的能力	5
		高级	完成"使用Web页面进行图像分类的测试"工单，能够使用Web页面进行图像分类的测试，掌握使用Web页面进行图像分类的测试的能力	7

【实训的方式与组织】

略

（3）第5学期实训方案

【实训的基本条件】

● 硬件条件

略

● 软件条件

略

【实训内容及时间分配】

● "NLP应用项目开发实训"课程

① "NLP应用项目开发实训"课程技能矩阵

基于人工智能应用开发工程师岗位的工作任务,分析与工作任务相关的专项技能,"NLP应用项目开发实训"课程技能分析表如表23所示,专项技能对应项目式授课的教学模块。

表 23 "NLP 应用项目开发实训"课程技能分析表

综合技能	专项技能		
	1	2	3
数据获取与预处理a	获取文本数据a1	文本数据标注a2	文本数据预处理a3
模型搭建、调优b	使用深度学习神经网络搭建文本分类模型b1	使用深度学习神经网络搭建文本生成模型b2	模型评估及参数调优b3
模型部署c	模型保存c1	本地文本分类应用搭建c2	Web文本生成应用搭建c3

② "NLP应用项目开发实训"课程内容

"NLP应用项目开发实训"课程授课时间为两周,共计54个学时,课程任务分解表如表24所示,不同技能难度的实训工单如表25所示。

表 24 "NLP 应用项目开发实训"课程任务分解表

编号	专项技能	描述	技能难度	覆盖的专项能力
a1	获取文本数据	获取教师下发的文本数据	初级	C1
		使用搜索引擎获取公开的文本数据集	中级	C1
		构建爬虫,爬取所需文本数据	高级	C1
a2	文本数据标注	认识文本数据不同标注的结果	初级	C3
		手工标注文本数据	中级	C3
		使用Brat等工具进行标注	高级	C3
a3	文本数据预处理	中文分词、停用词处理	初级	C2
		使用统计值,将词语转换为数值向量	中级	C2
		搭建神经网络,将词语转换为稠密数值向量	高级	C2、E3

编号	专项技能	描述	技能难度	覆盖的专项能力
b1	使用深度学习神经网络搭建文本分类模型	搭建TextCNN模型进行文本分类	初级	B4、E3、E5
		搭建简单RNN模型进行文本分类	中级	B4、E3、E5
		搭建LSTM模型进行文本分类	高级	B4、E3、E5
b2	使用深度学习神经网络搭建文本生成模型	搭建Seq2Seq模型进行文本生成	初级	B4、E3、E5
		搭建Seq2Seq模型并添加注意力机制进行文本生成	中级	B4、E3、E5
		使用Transformer模型进行文本生成	高级	B4、E3、E5
b3	模型评估及参数调优	使用测试集测试模型性能	初级	D4
		调整模型训练参数	中级	E4
		调整模型网络结构	高级	E4
c1	模型保存	保存模型结构及权重	初级	E5
		设置Checkpoint，保存模型训练中间结果	中级	E5
		读取模型	高级	E5
c2	本地文本分类应用搭建	使用PyQt设计本地应用UI界面	初级	B4、F1
		设置UI界面逻辑	中级	B4
		进行文本分类预测	高级	B4、E5
c3	Web文本生成应用搭建	使用Flask搭建Web后端	初级	B2、B4、F1
		使用Vue搭建Web前端页面	中级	B2、B4、F1
		进行文本生成	高级	F2、F3、F4

表25　实训工单与专项技能对应表

序号	实训工单	对应专项技能	技能难度
1	了解文本数据	a1	初级
2	获取公开文本数据集	a1	中级
3	构建爬虫，获取所需文本数据	a1	高级
4	认识不同应用情景下的文本数据标注	a2	初级
5	手工标注文本数据	a2	中级
6	使用标注工具标注文本数据	a2	高级
7	中文分词、处理停用词	a3	初级
8	构建TF-IDF词向量	a3	中级

续表

序号	实训工单	对应专项技能	技能难度
9	构建Word2Vec词向量	a3	高级
10	搭建TextCNN模型进行文本分类	b1	初级
11	搭建简单RNN模型进行文本分类	b1	中级
12	搭建LSTM模型进行文本分类	b1	高级
13	搭建Seq2Seq模型进行文本生成	b2	初级
14	搭建Seq2Seq模型并添加注意力机制进行文本生成	b2	中级
15	使用Transformer模型进行文本生成	b2	高级
16	使用测试集测试模型性能	b3	初级
17	调整模型训练参数	b3	中级
18	调整模型网络结构	b3	高级
19	保存模型结构及权重	c1	初级
20	设置Checkpoint，保存模型训练中间结果	c1	中级
21	读取模型	c1	高级
22	使用PyQt设计本地应用UI界面	c2	初级
23	设置UI界面逻辑	c2	中级
24	使用本地应用进行文本分类预测的测试	c2	高级
25	使用Flask搭建Web后端	c3	初级
26	使用Vue搭建Web前端页面	c3	中级
27	使用Web页面进行文本生成的测试	c3	高级

● "云平台AI项目开发实训"课程

① "云平台AI项目开发实训"课程技能矩阵

基于人工智能应用工程师、云计算软件开发工程师岗位的工作任务，分析与工作任务相关的专项技能，"云平台AI项目开发实训"课程技能分析表如表26所示，专项技能对应项目式授课的教学模块。

表 26 "云平台 AI 项目开发实训"课程技能分析表

综合技能	专项技能		
	1	2	3
使用云平台AI服务a	使用云平台基础计算、存储服务 a1	使用云平台AI服务 a2	利用AI服务，搭建人脸识别项目 a3

续表

综合技能	专项技能		
	1	2	3
利用云平台构建AI模型b	在云计算实例中构建模型 b1	使用云平台的AutoML功能，自动构建AI模型 b2	构建Docker，搭建可扩展人工智能训练环境 b3
利用云平台搭建AI应用c	搭建无服务Web应用后台 c1	搭建无服务Web应用前端 c2	云平台AI应用调试 c3

② "云平台AI项目开发实训"课程内容

"云平台AI项目开发实训"课程授课时间为两周，共计54个学时，课程任务分解表如表27所示，不同技能难度对应的实训工单如表28所示。

表27 "云平台AI项目开发实训"课程任务分解表

编号	专项技能	描述	技能难度	覆盖的专项能力
a1	使用云平台基础计算、存储服务	设置云计算实例，连接云计算实例	初级	A1、A3
		设置云对象存储，上传、读取存储对象	中级	A5
		设置云服务访问权限	高级	A3、A5
a2	使用云平台AI服务	使用Amazon Rekognition执行图像分析	初级	B4、A5、E2
		使用Amazon Polly实现将文本转换为语音	中级	B4、A5、E2
		使用Amazon A2I增加人为监督，以确保数据的准确性	高级	B4、A5
a3	利用AI服务，搭建人脸识别项目	构建本地系统并获取图像	初级	B4、C1、A5
		调用云服务完成识别	中级	B4、A5
		返回识别结果，并展示结果	高级	B4、A5、C5
b1	在云计算实例中构建模型	搭建深度学习训练环境的计算实例	初级	A3
		构建深度学习模型	中级	E3、B4
		上传训练数据、下载模型	高级	B4、D1、E4、E5
b2	使用云平台的AutoML功能，自动构建AI模型	上传训练数据至对象存储	初级	A5、D1、D3
		设置AutoML并训练	中级	A4、D2、D4
		评估模型	高级	D4、D5

编号	专项技能	描述	技能难度	覆盖的专项能力
b3	构建Docker，搭建可扩展人工智能训练环境	构建训练及预测所需Docker环境	初级	A3、A5
		编写训练、预测代码	中级	B4、E5
		训练模型并部署、开展预测	高级	F1、E5
c1	搭建无服务Web应用后台	配置SQS，构建消息队列	初级	A5
		编写lambda函数，响应消息	中级	B4、A5
		配置RESTful API，接收前端消息	高级	A5
c2	搭建无服务Web应用前端	前端设计	初级	B1、B2
		前端代码开发	中级	B4
		页面测试	高级	B5、F4
c3	云平台AI应用调试	使用SageMaker Debugger调试神经网络	初级	A5、B5、F3
		使用CloudWatch调试云平台项目流程	中级	A5、B4、F3
		使用AWS Device Farm应用程序测试服务	高级	F2、A5、B5、F5

表 28　实训工单与专项技能对应表

序号	实训工单	对应专项技能	技能难度
1	云计算实例启动与连接	a1	初级
2	云对象存储设置与读取	a1	中级
3	云服务访问权限设置	a1	高级
4	使用Amazon Rekognition服务	a2	初级
5	使用Amazon Polly 服务	a2	中级
6	使用Amazon A2I服务	a2	高级
7	构建本地应用UI界面	a3	初级
8	本地应用调用云服务	a3	中级
9	展示云服务返回结果	a3	高级
10	配置云计算实例，搭建深度学习训练环境	b1	初级
11	在云计算实例中搭建深度学习模型	b1	中级
12	完成云实例模型的训练、保存	b1	高级
13	了解AutoML流程，上传训练数据	b2	初级
14	配置AutoML，开展模型训练	b2	中级

续表

序号	实训工单	对应专项技能	技能难度
15	评估训练所得模型	b2	高级
16	构建深度学习Docker	b3	初级
17	利用SageMaker编写模型训练、预测代码	b3	中级
18	训练模型并部署至Endpoint	b3	高级
19	配置SQS，构建消息队列	c1	初级
20	编写lambda函数，响应消息	c1	中级
21	配置RESTful API，接收前端消息	c1	高级
22	前端设计	c2	初级
23	前端代码开发	c2	中级
24	页面测试	c2	高级
25	使用SageMaker Debugger调试神经网络	c3	初级
26	使用CloudWatch调试云平台项目流程	c3	中级
27	使用AWS Device Farm测试项目	c3	高级

【考核内容与方法】

● "NLP应用项目开发实训"课程考核

该课程采用过程性评价与总结性评价相结合的方式进行考核，考核内容及权重：a1（5%）、a2（5%）、a3（15%）、b1（15%）、b2（15%）、b3（15%）、c1（5%）、c2（10%）、c3（15%），具体考核指标如表29所示。

表 29 "NLP 应用项目开发实训"课程考核指标

序号	技能编号	技能难度	考核指标说明	分值
1	a1	初级	完成"了解文本数据"工单，掌握文本数据的存储格式，能够独立进行文本数据的读取	1
		中级	完成"获取公开文本数据集"工单，能够根据任务需求，掌握搜索引擎的使用，获取公开的文本数据集	2
		高级	完成"构建爬虫，获取所需文本数据"工单，能够独立构建爬虫爬取数据，熟练掌握爬虫代码的编写	2
2	a2	初级	完成"认识不同应用情景下的文本数据标注"工单，能够了解文本数据标注的方式，掌握不同情景下的文本数据标注方式	1
		中级	完成"手工标注文本数据"工单，能够根据任务需求，熟练地标注少量文本数据，并保存标注结果	2

序号	技能编号	技能难度	考核指标说明	分值
2	a2	高级	完成"使用标注工具标注文本数据"工单，能够完成标注工具的安装，根据任务需求，初步完成文本数据标注，熟练掌握标注结果的保存	2
3	a3	初级	完成"中文分词、处理停用词"工单，初步掌握中文词典、停用词词典构建，熟练掌握中文分词、停用词处理，能根据后续要求，输出分词后的结果	5
		中级	完成"构建TF-IDF词向量"工单，初步掌握词向量概念，熟练调用Gensim库将文本转换为向量形式	5
		高级	完成"构建Word2Vec词向量"工单，进一步掌握词向量概念，初步掌握Word2Vec构造流程，熟练调用Gensim库生成词向量	5
4	b1	初级	完成"搭建TextCNN模型进行文本分类"工单，了解TextCNN模型的基本思想，熟练编写模型代码，能够将得到的词向量作为输入，得到分类结果	5
		中级	完成"搭建简单RNN模型进行文本分类"工单，了解简单RNN模型的基本思想，熟练编写模型代码，能够将得到的词向量作为输入，得到分类结果	5
		高级	完成"搭建LSTM模型进行文本分类"工单，了解LSTM模型的基本思想，熟练编写模型代码，能够将得到的词向量作为输入，得到分类结果	5
5	b2	初级	完成"搭建Seq2Seq模型进行文本生成"工单，了解编码器与解码器的基本思想，熟练编写模型代码，能够将得到的词向量作为输入，生成文本摘要	5
		中级	完成"搭建Seq2Seq模型并添加注意力机制进行文本生成"工单，了解注意力机制，熟练编写模型代码，能够将得到的词向量作为输入，生成文本摘要	5
		高级	完成"使用Transformer模型进行文本生成"工单，了解Transformer机制，熟练编写模型代码，能够将得到的词向量作为输入，生成文本摘要	5
6	b3	初级	完成"使用测试集测试模型性能"工单，了解模型性能度量，掌握测试集的作用与生成，熟练使用测试集测试模型性能	5
		中级	完成"调整模型训练参数"工单，了解模型训练参数的作用，掌握训练参数的调整方式，能够比较不同参数对应的性能结果	5

续表

序号	技能编号	技能难度	考核指标说明	分值
6	b3	高级	完成"调整模型网络结构"工单，了解模型网络结构的作用，掌握模型网络结构的调整方式，能够比较不同结构对应的性能结果	5
7	c1	初级	完成"保存模型结构及权重"工单，能够熟练掌握模型的保存、读取方法	1
		中级	完成"设置Checkpoint，保存模型训练中间结果"工单，了解Checkpoint的作用，能够初步掌握设置Checkpoint的方法，并保存模型训练中间结果	3
		高级	完成"读取模型"工单，能够熟练读取模型并设置模型权重，能够根据要求开展再训练或者进行预测	1
8	c2	初级	完成"使用PyQt设计本地应用UI界面"工单，能够熟练使用Qt Designer设计本地应用，初步掌握Qt Designer小部件的使用，能设计美观的UI界面	4
		中级	完成"设置UI界面逻辑"工单，初步了解Qt Designer中"信号–槽"的事件处理方式，能根据逻辑编写代码	4
		高级	完成"使用本地应用进行文本分类预测的测试"工单，能够结合文本分类模型，在界面上显示分类结果	2
9	c3	初级	完成"使用Flask搭建Web后端"工单，熟练使用Flask搭建Web后端，返回JSON格式的文本生成结果	6
		中级	完成"使用Vue搭建Web前端页面"工单，熟练使用Vue搭建Web前端页面，输入文本，并显示后端返回结果	6
		高级	完成"使用Web页面进行文本生成的测试"工单，熟练使用测试工具对Web文本生成应用开展单元测试和系统测试	3

- "云平台AI项目开发实训"课程考核

该课程采用过程性评价与总结性评价相结合的方式进行考核，考核内容及权重：a1（5%）、a2（5%）、a3（15%）、b1（15%）、b2（15%）、b3（15%）、c1（5%）、c2（10%）、c3（15%）。具体考核指标如表30所示。

表30 "云平台 AI 项目开发实训"课程考核指标

序号	技能编号	技能难度	考核指标说明	分值
1	a1	初级	完成"云计算实例启动与连接"工单，熟练掌握云计算实例的设置、启动与连接	1

续表

序号	技能编号	技能难度	考核指标说明	分值
1	a1	中级	完成"云对象存储设置与读取"工单，掌握云对象存储服务的使用，能够熟练进行文件对象的上传与下载	2
		高级	完成"云服务访问权限设置"工单，初步了解云服务访问权限的设置规则，掌握权限设置方法，能够添加访问角色	2
2	a2	初级	完成"使用Amazon Rekognition服务"工单，能够使用API调用服务进行图片识别，掌握图片识别返回结果的使用	1
		中级	完成"使用Amazon Polly服务"工单，能够使用API调用服务将文本转换为语音，掌握返回结果的使用	2
		高级	完成"使用Amazon A2I服务"工单，能够使用API调用服务对敏感、易错数据进行人工审核	2
3	a3	初级	完成"构建本地应用UI界面"工单，能够熟练使用UI设计工具搭建美观、易用的本地应用	5
		中级	完成"本地应用调用云服务"工单，能够在本地应用中设置权限，熟练使用API调用合适的云服务	5
		高级	完成"展示云服务返回结果"工单，掌握在本地应用中展示云服务返回结果的代码编写能力	5
4	b1	初级	完成"配置云计算实例，搭建深度学习训练环境"工单，能够配置云计算实例，熟练掌握云计算实例中的开发环境搭建	5
		中级	完成"在云计算实例中搭建深度学习模型"工单，掌握深度学习模型的搭建方式	5
		高级	完成"完成云实例模型的训练、保存"工单，了解云实例模型的训练，能够将模型保存至云存储中	5
5	b2	初级	完成"了解AutoML流程，上传训练数据"工单，了解AutoML服务，能熟练上传训练数据至云存储，初步掌握设置AutoML参数的方法	5
		中级	完成"配置AutoML，开展模型训练"工单，能根据不同应用场景，熟练掌握AutoML的配置，进行模型训练	5
		高级	完成"评估训练所得模型"工单，了解性能评价的度量指标，能完成模型性能评估	5
6	b3	初级	完成"构建深度学习Docker"工单，了解Docker的构建方法，掌握Docker注册服务的使用，能够独自创建深度学习训练及预测所需的Docker镜像	5
		中级	完成"利用SageMaker编写模型训练、预测代码"工单，了解SageMaker环境，能够使用SageMaker Notebook编写模型搭建代码	5

续表

序号	技能编号	技能难度	考核指标说明	分值
6	b3	高级	完成"训练模型并部署至Endpoint"工单，掌握Docker的部署，能够进行模型的训练，能够将训练好的模型部署至Endpoint	5
7	c1	初级	完成"配置SQS，构建消息队列"工单，了解SQS的作用，初步掌握SQS的配置	1
		中级	完成"编写lambda函数，响应消息"工单，了解lambda函数的作用，掌握lambda函数代码编写方法，能够测试lambda函数	3
		高级	完成"配置RESTful API，接收前端消息"工单，能够配置RESTful API，连接SQS队列，返回lambda运行结果	1
8	c2	初级	完成"前端设计"工单，能够熟练使用原型设计工具设计Web前端，设计美观的UI界面	4
		中级	完成"前端代码开发"工单，能根据原型编写前端代码，熟练运用前端框架	4
		高级	完成"页面测试"工单，能够使用测试工具完成Web页面的测试	2
9	c3	初级	完成"使用SageMaker Debugger调试神经网络"工单，了解SageMaker Debugger的使用，初步掌握神经网络的调试方法	6
		中级	完成"使用CloudWatch调试云平台项目流程"工单，熟练使用CloudWatch服务，查看日志输出，调试云平台项目	6
		高级	完成"使用AWS Device Farm测试项目"工单，熟练使用测试工具，对不同平台上的Web应用开展单元测试和系统测试	3

【实训的方式与组织】

略

制订部门：软件技术教研室   执 笔 人：×××

审 核 人：×××   主管院长：×××

计算机与软件学院

2022年3月1日

（三）课程方案示例：素质拓展（赋能课程）职业发展潜力

1. 课程总体概述

该课程响应学校"高水平推动世界一流职业院校建设"的号召，旨在培养学生的劳动情感，激发其劳动精神，培养学生的劳动态度、劳动意识，促进学生养成劳动习惯并掌握劳动技能。在人才培养过程中，课程团队紧密结合新兴产业的发展趋势，将解决学生对劳动的认知问题视为劳动教育的核心内容之一。通过实践操作，增强学生的专业技能；同时，在创新性的实践中，引导学生践行服务国家、贡献社会的初心。

2．课程总目标

【核心素养】

劳动教育是一门极其重要的课程，旨在培养学生多方面的素养和技能。劳动教育课程的核心素养包括以下几个方面。

（1）培养学生的实际动手能力。学生通过亲身参与各种实践活动，能学会动手操作，理解并掌握基本的劳动技能。

（2）通过团体项目和合作活动，培养学生的团队精神和合作能力。这种合作不仅是指在解决问题时的合作，还包括沟通、协商和共同目标的制订。

（3）鼓励学生在实践中尝试创新。通过实施各种实践任务和项目，激发学生的创造力和想象力。

（4）让学生在实践中体验到自己的劳动成果，增强他们的责任感，使他们明白自己的行为对他人和环境的影响。

（5）培养学生面对问题时的分析和解决能力。在实际的劳动中，学生会遇到各种挑战和困难，从而逐渐学会寻找解决问题的方法和途径。

（6）教育学生尊重劳动，理解劳动的价值和意义。通过体验劳动，培养学生对劳动的尊重和理解，鼓励他们珍惜劳动成果。

【职业基本素养】

表 31　职业发展潜力分析表

综合素养	专项素养			
	1	2	3	4
唤醒意识－劳动认知A	了解劳动的理论内涵A1	了解劳动的外延A2	强化对劳动的社会性认知A3	强化对劳动的价值性认知A4
培养情感－劳动热爱B	强化对劳动精神的认知B1	劳模精神、劳动精神B2	工匠精神与大国工匠B3	激发劳动创造力和想象力B4
提升能力－劳动技能C	劳动的不同类型C1	日常生活劳动C2	专业生产劳动C3	服务性劳动C4

续表

综合素养	专项素养			
	1	2	3	4
自觉行动－提升价值D	增强对劳动的实践性认知D1	在"五育"并举中提升个人能力D2	增强劳动的主动性和自觉性D3	创造性地开展劳动实践D4
权益维护－强化维权E	识别劳动风险、劳动侵权行为E1	提升法律意识E2	增强维权意识E3	进行维权E4

表 32 职业发展潜力描述

编号	职业发展潜力	描述
A1	了解劳动的理论内涵	劳动是人的生存方式。劳动不仅创造了人自身,也改变了自然界、创造了人类社会。劳动创造了物质财富和精神财富
A2	了解劳动的外延	当下社会,劳动的内涵已经从简单的体力劳动外延至包括服务性劳动和创造性劳动在内的新形态,体力劳动和脑力劳动是劳动的不同形态
A3	强化对劳动的社会性认知	劳动是社会协作开展的重要载体,也是社会正常运转的必备要素
A4	强化对劳动的价值性认知	劳动是实现个体社会价值的重要途径
B1	强化对劳动精神的认知	从认知、态度、行为3个层面,培养学生崇尚劳动、热爱劳动、辛勤劳动、诚实劳动的劳动精神,领会"幸福是奋斗出来的"的内涵与意义
B2	劳模精神、劳动精神	通过案例引导学生正确认识"爱岗敬业、争创一流、艰苦奋斗、勇于创新、淡泊名利、甘于奉献"的劳模精神和"崇尚劳动、热爱劳动、辛勤劳动、诚实劳动"的劳动精神
B3	工匠精神与大国工匠	引导学生正确认识"执着专注、精益求精、一丝不苟、追求卓越"的工匠精神,努力成为技能强国的大国工匠
B4	激发劳动创造力和想象力	在"实践—认识—再实践—再认识"的过程中,激发学生的劳动创造力和想象力
C1	劳动的不同类型	劳动包括日常生活劳动、专业生产劳动和服务性劳动,让学生在不同类型的劳动里接受锻炼、磨炼意志,培养正确的劳动价值观
C2	日常生活劳动	日常生活劳动主要指个人在家庭和学校中的自理活动,包括手工制作、宿舍清洁打扫等。日常生活中的劳动实践能够帮助学生提升有效满足日常生活中各种需要的技术和能力,也是培养个人生活技能和良好卫生习惯的重要途径

编号	职业发展潜力	描述
C3	专业生产劳动	对于高等职业院校的学生而言,生产劳动囊括专业发展、技能强化、能力提升等相关生产实践,既包括通识性的勤工助学、社会调研,也包括创新创业、暑期文化科技卫生"三下乡"、专业实训、顶岗实习等专业实践
C4	服务性劳动	服务性劳动是学生服务他人、服务社会,快速成长为合格的社会人的过程。服务性劳动包括社会实践、志愿服务等。其中,志愿服务是服务性劳动最直接的体现
D1	增强对劳动的实践性认知	劳动的实践性强调学生的亲身参与和实践体验,通过学生的实际操作,掌握劳动技能、提升个人实践能力,进而达到"在做中学、在学中做"的育人效果
D2	在"五育"并举中提升个人能力	劳动教育对"五育"的系统性、融合性、融通性、整体价值性具有本质的解释力和承载力,可以引导学生在认识世界的基础上获得有积极意义的价值体验,学会建设世界、塑造自己,实现树德、增智、强体、育美的目的
D3	增强劳动的主动性和自觉性	学生要结合社会发展趋势,以社会需求为出发点,积极思考和探索,用想法和创意为社会发展赋能。劳动应该成为个人成长过程中的自发行为,学生应主动开展劳动实践、强化劳动技能
D4	创造性地开展劳动实践	采用跨学科项目、现代技术、社会服务和文化传承等多元化手段,增强劳动的社会价值和实践意义,为社会发展注入个人的才智与贡献
E1	识别劳动风险、劳动侵权行为	由于学生的文化水平和法律知识有限,劳动侵权行为时有发生。善于识别劳动风险和劳动侵权行为是一个劳动者应具备的基本能力
E2	提升法律意识	掌握《中华人民共和国劳动法》等相关的法律条款,主动积累法律知识,可以帮助学生更好地维权
E3	增强维权意识	正确认知个人的劳动权益、强调维权的必要性、及时对侵权行为说"不",是当代学生必备的意识
E4	进行维权	学生应通过正当途径进行维权,捍卫自己的合法权益

表 33 职位要求与职业发展潜力对应表

职位名称	职位要求	对应职业发展潜力
人工智能产品经理	了解人工智能技术和应用,负责规划、设计和推广人工智能产品,满足市场需求	A3、A4、B3、B4、C3、D3、D4
人工智能法律顾问	关注与人工智能相关的法律法规,为企业提供人工智能项目合规性评估和法律咨询	A2、A3、A4、C4、D1、E1、E2、E3、E4

3．教学任务一览表

表 34 教学任务一览表

周次	教学任务	教学成效
1	了解劳动的内涵和外延	引导学生认识到劳动不仅指体力劳动，还包括脑力劳动，劳动无贵贱之分
2	了解劳动本质，强化劳动认知	"三百六十行，行行出状元。"在实际案例中，引导学生热爱劳动、热爱劳动人民，强化学生的劳动观念，强调全身心参与劳动
3	劳模精神、劳动精神	以案例为切入点，强化学生对劳模精神、劳动精神的认同
4	工匠精神	以案例为切入点，强化学生对工匠精神的认同，鼓励学生在日常学习、专业技能提升中精益求精
5	劳动的不同类型及日常生活劳动	让学生认识到日常生活劳动，如做饭、打扫卫生、整理内务等都是劳动的形式，要用"一屋不扫，何以扫天下"的心态对待日常生活劳动
6	专业生产劳动	通过勤工俭学、暑期社会实践、专业实训、顶岗实习等，引导学生认识到专业生产劳动对个人价值实现和社会价值实现的重要意义
7	服务性劳动	通过社会实践、志愿服务等，引导学生增强服务他人、服务社会的积极性和主动性，强化社会责任意识，以"合格的社会人"为目标，强化个人发展
8	劳动教育与"五育"的关系	让学生认识到劳动教育作为"五育"中的重要一环，意义重大，劳动教育的开展有助于提升学生的智力水平、美育水平
9	劳动权利与义务	引导学生熟悉劳动的相关权利和义务，做合格的劳动者
10	违法行为、侵权行为的识别	对违反《中华人民共和国劳动法》《中华人民共和国劳动合同法》《中华人民共和国民法典》等法律的相关行为进行普及，引导学生及时识别侵权行为，捍卫自己的合法权益
11	劳动合同的相关法律法规	以案例为切入点，引导学生正确认识劳动合同中的必备款项等
12	五险一金的相关法律法规	以案例为切入点，引导学生全面了解五险一金的缴纳规定等内容
13	增强维权意识、明晰维权路径	引导学生增强法律意识和维权意识，敢于通过正当途径进行维权，捍卫自己的合法权益
14	结课考试	

4．教案编制

【教学内容】

表 35　教学任务分解表

素养目标	教学目标	教学难度	教学内容
A1	了解劳动的理论内涵	初级	让学生从理论上认识到劳动是人的生存方式。劳动不仅创造了人自身，也改变了自然界、创造了人类社会。劳动创造了物质财富和精神财富
A2	了解劳动的外延	初级	让学生了解劳动的外延，全面认识劳动的重要性和价值，培养学生的劳动意识和习惯，提高其综合素质和职业能力，使其适应社会和职业发展需要
	认识劳动的经济价值	中级	让学生明白劳动创造财富，认识到劳动中技术含量带来的价值
A3	强化对劳动的社会性认知	初级	强化对劳动的社会性认知，可以使学生更全面、深入地认识劳动的社会价值和意义，从而培养其劳动意识和劳动习惯，提高其综合素质和职业能力；同时，也有助于学生更好地适应社会和职业发展需要，为未来的职业发展打下坚实的基础
	劳动与社会发展的关系	中级	通过讲解劳动在社会发展中的作用和贡献，让学生认识到劳动是推动社会发展的重要力量，了解劳动在社会发展中的地位
	劳动与社会公平的关系		通过讲解劳动在社会公平中的作用和贡献，让学生认识到劳动是实现社会公平的重要手段，了解劳动在社会公平中的地位
	劳动与社会责任的关系		通过讲解劳动在社会责任中的作用和贡献，让学生认识到劳动是承担社会责任的重要手段，了解劳动在社会责任中的地位
	劳动与社会创新的关系	高级	通过讲解劳动在社会创新中的作用和贡献，让学生认识到劳动是推动社会创新的重要力量，了解劳动在社会创新中的地位
	劳动与社会文化的关系		通过讲解劳动在社会文化中的作用和贡献，让学生认识到劳动是传承和发展社会文化的重要手段，了解劳动在社会文化中的地位
A4	强化对劳动的价值性认知	初级	强化对劳动的价值性认知，可以使学生认识到个人劳动是社会发展和经济增长的基石，具有不可替代的价值。激励学生通过持续学习与提升职业技能，增强个人的竞争力，提升自我价值
	理论知识传授	中级	向学生介绍劳动的概念，劳动对个人、社会和经济的重要性

续表

素养目标	教学目标	教学难度	教学内容
A4	案例分析	中级	通过分析成功的劳动者的案例，向学生展示他人如何通过劳动创造价值、取得成就，并对社会产生积极影响
	实践体验		让学生亲身参与劳动，如志愿服务、社区服务项目或实习，亲身体验劳动的价值和意义
	讨论与辩论		组织讨论、辩论或小组活动，让学生分享他们对劳动的看法及他们的劳动经验，从而深入探讨劳动的价值
	跨学科探究	高级	结合其他学科如经济学、社会学、心理学等，引导学生探讨劳动与经济、社会、心理等方面的关系，加深学生对劳动价值的认识
	引导反思与评估		鼓励学生反思自己的劳动经历，评估劳动对他们个人成长和发展的影响，促进他们对劳动价值的深层理解
B1	强化对劳动精神的认知	初级	通过理论传授、历史探究、案例分享、实践体验、讨论辩论、价值观探究、自我反思和目标设定等内容，全面培养学生对劳动的理解、认同和积极态度
	历史与文化探究	中级	研究不同文化背景下的劳动价值观和劳动精神的历史演变，了解各个时期、各个文化的人们对劳动的看法，以及劳动对社会发展的重要性
	榜样与故事分享		讲述成功人士或者劳动英雄的故事，探讨他们通过树立劳动精神克服困难、取得成功的经历，激发学生的劳动积极性
	价值观讨论	高级	组织讨论或辩论活动，让学生就劳动对个人发展的意义，以及劳动精神在现代社会中的作用展开思考和交流
B2	劳模精神、劳动精神	初级	通过理论讲解、劳模榜样分享、实践体验和讨论反思等内容，让学生深入了解劳动精神的内涵、重要性；通过劳模故事激励学生追求卓越，增强责任感和奉献精神，以此塑造学生积极向上的价值观和行为模式
	劳模精神的表现	中级	分析爱岗敬业、争创一流等劳模精神的具体表现，充分增强学生对劳模精神表现的认知
	劳模故事分享		分享劳模故事，展示劳模如何通过树立劳动精神取得成就，激发学生对劳动的热情和向往
B3	工匠精神的内涵解析	初级	深入解析工匠精神的内涵，包括精益求精、责任感、团队合作和创新意识等特质

续表

素养目标	教学目标	教学难度	教学内容
B3	大国工匠介绍	初级	介绍杰出的大国工匠及其在特定领域取得的成就，分享他们的工匠精神、技能和奉献精神，激发学生的学习热情
	工匠技能与实践体验		为学生提供技能培训或实践机会，让学生亲身体验工匠技艺的要求和追求卓越的过程
	工匠精神与大国工匠	中级	通过分享大国工匠的典型案例激发学生的学习热情，培养学生精益求精、敢于创新、善于团队合作和富有责任感等特质；引导学生追求卓越、注重质量和不断创新，帮助学生塑造积极向上的职业价值观和行为模式，将学生培养成具备卓越技能、创新精神和责任意识的优秀工匠，为社会和国家的发展贡献力量
B4	创意工作坊与项目设计	初级	设计创意工作坊或项目，鼓励学生运用所学技能和知识，自由探索和实践，培养学生解决问题的能力和创新思维
	启发式教学与思维导图		通过启发式的教学方式，并使用思维导图等工具，培养学生的创造性思维，鼓励他们勇于提出新想法
	激发劳动创造力和想象力	高级	通过设立创意工作坊、分析实践案例、跨学科融合课程、结合艺术与科技等方式激发学生的劳动创造力和想象力。同时，鼓励学生参与实践项目和创新挑战，组织团队合作与创意讨论，以培养他们的创造性思维、解决问题的能力，为他们未来的职业发展和社会进步奠定坚实基础
C1	劳动的不同类型	初级	通过实践技能培训、实习项目、社区服务、创新科研、团队合作、跨学科探究及创业实践等类型的劳动，让学生有机会在不同领域获得丰富的实践经验，培养实际工作中所需的技能、团队合作精神和创新能力，为未来的职业发展奠定坚实基础
	实践技能培训	中级	为学生提供针对不同专业和行业的实践技能培训课程，涵盖木工、焊接、电子制造、编程、设计等领域的技能培训
	社区服务和志愿服务		鼓励学生参与社区服务、志愿服务或公益项目，培养他们的社会责任感和团队合作能力
	创业和企业实践		为学生提供创业培训和企业实践机会，帮助学生了解创业过程、商业管理等方面的知识

续表

素养目标	教学目标	教学难度	教学内容
C2	日常生活劳动	初级	让学生掌握实用技能，如烹饪、清洁、衣物护理、基本修理等。同时，鼓励学生学习时间管理、预算管理、购物技巧等日常生活技能，培养他们自主生活和解决问题的能力，使他们能够在学习、工作和生活中更自如地应对各种日常挑战，为未来的独立生活打下坚实基础
C3	专业生产劳动	中级	通过理论知识的传授，包括相关领域的理论基础、最新发展和实践应用，为学生提供全面的专业知识，培养学生在特定领域内的实践能力、专业技能，为未来的职业发展奠定坚实基础
C4	服务性劳动	初级	着重培养学生在服务行业中所需的技能、态度和知识，包括客户服务技巧、沟通能力、团队协作能力、问题解决能力等。此外，通过对学生道德伦理、文化敏感性和多元文化意识的培养，帮助学生在服务他人时更具责任感和社会意识
D1	增强对劳动的实践性认知	中级	实践体验与技能训练：提供实践体验和技能训练，引导学生参与劳动，掌握相关技能。 实地考察与案例分析：组织实地考察，分析劳动场所和案例，让学生了解实际劳动环境和问题。 模拟演练与角色扮演：进行模拟演练或角色扮演，锻炼学生应对问题和情境的能力。 实践导向的课程设计：设计实践导向课程，强化对学生的问题解决和应用能力培养。 通过学习这些内容，学生能够加深对劳动的认知，培养解决问题和应用技能的能力，使理论知识与实际应用相结合，为未来的职业发展打下基础
D2	德育	初级	强调培养学生的道德品质和社会责任感。开展志愿服务、道德伦理讨论等教学活动，引导学生树立正确的价值观和道德观念
	智育		侧重于提升学生的学术和专业能力。教学内容包括学科知识的系统学习、解决问题的能力培养等，教学设计应注重理论与实践相结合
	体育		关注学生的身心健康和团队合作精神。提供体育锻炼、团体运动和健康教育，促进学生身心健康，培养学生的团队协作和领导能力
	美育		强调对学生审美情趣和艺术素养的培养。通过艺术表演、文化活动和审美教育等，激发学生的创造力和审美能力

续表

素养目标	教学目标	教学难度	教学内容
D2	劳育	初级	注重培养学生的劳动技能和实践能力。提供各种形式的劳动实践、技能培训和实习机会，锻炼学生的实践操作能力和问题解决能力
	在"五育"并举中提升个人能力	高级	通过道德品质的培养、学术与专业技能的提升、身心健康的促进、艺术素养的培养以及劳动技能和实践能力的锻炼，全面培养学生的综合素养和个人能力，让他们成为具有良好的道德品质、审美情趣，较高的学术能力和实践技能，以及健康体魄的综合型人才，为未来的职业发展打下坚实基础
D3	增强劳动的主动性和自觉性	中级	通过劳动目标设定与规划、自我管理与时间规划培养，团队协作与领导能力培养等教学内容，鼓励学生自发地参与劳动，增强自主性和责任感，在团队中积极承担职责、展现领导能力。这有助于学生养成自我管理、自主学习和团队合作的习惯，为未来的职业发展打下坚实基础
D4	创造性地开展劳动实践	高级	通过培养学生的创新思维和解决问题的能力，鼓励他们在劳动实践中展现创造性。通过项目设计、实践案例分析、团队合作项目以及创新挑战等教学形式，引导学生从不同角度思考问题，促进他们发散创意和独立思考。同时，提供实践性的培训和技能指导，让学生在实践中尝试新思路、新方法，培养他们解决实际问题的能力，为个人成长和未来的职业发展奠定坚实基础
E1	风险识别与评估	初级	教授学生识别不同劳动环境中的潜在风险，包括工作场所的安全隐患、职业健康问题等，并学会评估风险
	安全规范和法律知识		引导学生了解与劳动相关的法律法规，包括安全标准、劳动法规定和职业健康安全要求等，为学生提供相关的安全操作指南
	危机应对与应急措施		培养学生面对劳动风险时的应对能力，包括学习应急处置、危机管理和事故预防的基本知识
	侵权意识和法律权益		强调劳动者的权益和保护，教育学生认识侵权行为，了解自身的权利，掌握维护自己权益的方法
	案例分析和讨论		分析真实案例，讨论不同的劳动侵权行为和风险，帮助学生理解相关概念和情景，并学习如何防范和解决问题

续表

素养目标	教学目标	教学难度	教学内容
E1	识别劳动风险、劳动侵权行为	中级	通过学习风险评估与识别、安全法规和规范、危机应对与应急措施、侵权意识和法律权益以及案例分析和讨论等教学内容，学生将增强对工作环境中的潜在风险和个人权益的认识，提升保护自身和他人安全的能力，为未来的工作和职场中的安全与权益保护打下基础
E2	提升法律意识	初级	通过学习劳动法律法规知识、案例分析与讨论、模拟法庭与角色扮演、专家讲座和综合课程设计等教学内容，学生将更全面地了解劳动法律背景，提升对法律问题的敏感性和理解能力，增强对自身权益的保护意识，更加合法、理性地行使权利和遵守法律规定
E3	增强维权意识	中级	通过学习法律权益教育、案例分析与讨论、法律宣传与指导、角色扮演与模拟演练以及权益保护意识培养等教学内容，学生能了解自身权利，掌握维权途径和程序，提升维权的主动性和实际操作能力，更自信、合法地捍卫自身的合法权益
E4	法律知识教育	初级	引导学生了解基本的劳动法律法规知识，包括劳动合同、工资福利、工作时间、休假、劳动保护等方面的法律规定
	维权渠道与程序	中级	教授学生掌握维权的渠道和程序，包括投诉、申诉、仲裁、诉讼等，了解寻求法律保护的具体路径
	进行维权	高级	通过学习劳动法律法规、维权渠道与程序的讲解、案例分析与实务操作、法律意识的培养以及法律援助资源的介绍等教学内容，学生能够了解保护自身劳动权益的基本途径，掌握维权的方法，提升实际操作能力，从而在面临劳动纠纷或侵权情况时，更加理性、合法地维护个人权益

【考核内容与方法】

该课程采用过程性评价与总结性评价相结合的方式进行考核，具体考核指标如表36所示。

表 36 "素质拓展（赋能课程）"考核指标

序号	技能编号	技能难度	考核指标说明	分值权重
1	A1	初级	掌握劳动的理论内涵和相关知识点	100%
2	A2	初级	了解劳动的外延	40%

续表

序号	技能编号	技能难度	考核指标说明	分值权重
2	A2	中级	掌握社会劳动的经济价值体系	60%
3	A3	初级	掌握劳动的社会性认知	10%
		中级	掌握劳动与社会发展的关系	15%
			掌握劳动与社会公平的关系	15%
			掌握劳动与社会责任的关系	15%
		高级	掌握劳动与社会创新的关系	20%
			掌握劳动与社会文化的关系	25%
4	A4	初级	了解劳动的价值性	10%
		中级	掌握有关劳动的价值性的理论知识	10%
			了解有关劳动的价值性的案例分析	10%
			对劳动教育进行实践体验	15%
			对劳动的价值性进行讨论与辩论	15%
		高级	跨学科探究劳动的价值性	20%
			针对性地反思与评估自己的劳动经历	20%
5	B1	初级	了解劳动精神的概念和内涵	20%
		中级	了解劳动精神的历史与文化	25%
			了解劳动榜样与故事	25%
		高级	分组进行价值观讨论	30%
6	B2	初级	掌握劳模精神、劳动精神的具体内容	20%
		中级	了解劳模精神的表现	40%
			了解劳模故事	40%
7	B3	初级	掌握工匠精神的内涵	20%
			了解大国工匠	20%
			分组进行工匠技能与实践体验	20%
		中级	掌握工匠精神与大国工匠的内核	40%
8	B4	初级	分组完成创意工作坊与项目设计	30%
			课后完成思维导图的制作	30%
		高级	自主设计具有创造力的产品	40%
9	C1	初级	掌握劳动的不同类型	10%
		中级	了解实践技能培训的类型	30%
			了解社区服务和志愿服务的类型	30%
			了解创业和企业实践的类型	30%

续表

序号	技能编号	技能难度	考核指标说明	分值权重
10	C2	初级	掌握日常生活劳动的种类	100%
11	C3	中级	掌握专业生产劳动的种类	100%
12	C4	初级	掌握服务性劳动的种类	100%
13	D1	中级	充分认识劳动的实践性	100%
14	D2	初级	掌握德育对于提升个人能力的重要性	15%
			掌握智育对于提升个人能力的重要性	15%
			掌握体育对于提升个人能力的重要性	15%
			掌握美育对于提升个人能力的重要性	15%
			掌握劳育对于提升个人能力的重要性	15%
		高级	在"五育"并举中提升个人能力的各个方面	25%
15	D3	中级	提高劳动的主动性和自觉性	100%
16	D4	高级	分组讲述对创造性地开展劳动实践的认识	100%
16	E1	初级	掌握劳动风险识别与评估	15%
			掌握安全规范和法律知识	15%
			掌握危机应对与应急措施	15%
			掌握侵权意识和法律权益	15%
			分组对案例进行分析和讨论	15%
		中级	了解并能识别劳动风险和劳动侵权行为	25%
17	E2	初级	了解基本的劳动法律法规知识并能实际运用	100%
18	E3	中级	具备较强的维权意识	100%
19	E4	初级	掌握生活中基本的劳动法律法规知识	25%
		中级	掌握维权渠道与程序	35%
		高级	了解维权的方式和手段	40%

【教学形式与教学组织】

制订部门：软件技术教研室　　　　　　执 笔 人：×××

审 核 人：×××　　　　　　　　　　主管院长：×××

计算机与软件学院

2022年3月15日

（四）知识图谱课程设计示例

图1　"飞桨深度学习框架及应用"知识图谱课程设计示例

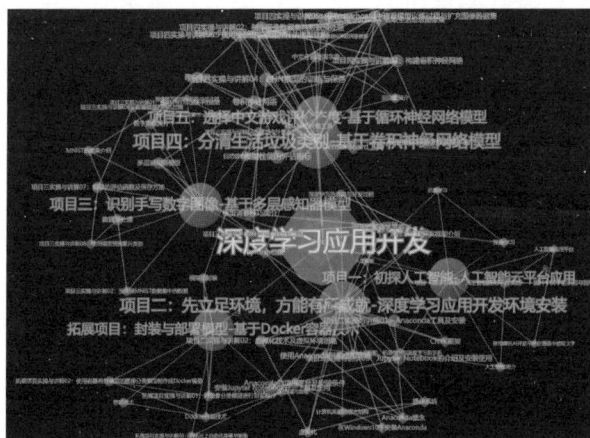

图2　"深度学习应用开发"知识图谱课程设计示例

参考文献

[1] 汪雅霜,汪霞.高职院校学生学习投入度及其影响因素的实证研究[J].教育研究,2017,38(01):77-84.

[2] 徐国庆.职业教育课程论[M]. 第2版. 上海：华东师范大学出版社，2014.

[3] 谭移民,钱景舫. 论能力本位的职业教育课程改革[J]. 教育研究, 2001(02): 54-60.

[4] 何兴国. DACUM与工作过程导向课程开发方法比较研究[J]. 职教论坛, 2012(27): 69-71.

[5] 杜惠洁,李家丽. 模块化:德国职业教育的改革与争论[J]. 教育发展研究, 2009, 28(11): 64-68.

[6] 楼一峰. 高等职业教育课程模块化设计探讨[J]. 职业技术教育, 2006, 27(07): 43-44.

[7] 曾宪章. 论高等职业教育模块式教学模式的构建[J]. 教育与职业, 2007(21): 100-101.

[8] 舒伟. 职业教育现代学徒制"模块化"课程体系研究[J]. 教育与职业, 2018(9): 101-105.

[9] 罗亚,杨荣敏. 高等职业教育"双高计划"落地研究:"三教"改革的视角[J]. 中国职业技术教育, 2021(29): 80-84, 90.

[10] 李政. 职业教育模块化课程: 内涵、开发与使用[J]. 中国职业技术教育, 2022(14): 5-11.

[11] 李俊,杨瑞麒. 国际视野下1+X证书制度的审视——基于对英德两国职业教育模块化实践的分析[J]. 高等工程教育研究, 2023(2): 146-152.

[12] 申婷,祝士明. 基于职业标准的模块化职教课程开发[J]. 中国职业技术教育, 2015(32): 72-75.

[13] AMY L. KRISTOF. Person-organization fit: an integrative review of its conceptualizations, measurement, and implications [J]. Personnel Psychology, 1996, 49(1): 1-49.

[14] 祝士明,吴文婕. 五个对接:现代职业教育内涵发展的路径选择[J]. 职教论坛, 2014(27): 10-13.

[15] Goodlad, J. I. et al. Curriculum inquiry: The study of curriculum practice[M]. New York, NY: McGraw - Hill, 1979.

[16] 边云岗. OBE理念下的课程教学: 目标、模式与考评——以《电子商务原理》课程为例[J]. 五邑大学学报(社会科学版), 2021, 23 (03): 82-86+94.

[17] 泰勒.课程与教学的基本原理: 英汉对照版[M].罗康, 张阅, 译. 北京: 中国轻工业出版社,2014.